ENTRETIENS
DE PHOCION,
SUR LE RAPPORT
DE LA MORALE
AVEC LA POLITIQUE.

Boinot

Par M. l'abbé de Mably.

ENTRETIENS
DE PHOCION,
SUR LE RAPPORT
DE LA MORALE
AVEC LA POLITIQUE;

Traduits du Grec de Nicoclès;

AVEC DES REMARQUES.

Quid Leges sine moribus
Vanæ proficiunt! Hor. Od. 19. L. 3.

A AMSTERDAM,

M. DCC. LXIII.

PRÉFACE.

Il y a deux années que voyageant en Italie, un événement, dont il eſt inutile d'entretenir le Public, me fit paſſer quelques mois au Monaſtere du Mont-Caſſin. C'eſt le berceau de cet Ordre célébre, qui, au milieu de la barbarie où l'Europe a été plongée pendant pluſieurs ſiécles, a cultivé les Lettres avec ſoin, & auquel les Sçavans doivent tout ce que nous avons aujourd'hui des Ouvrages des Anciens. La Bibliothéque du Mont-Caſſin, digne des hommes de mérite qui l'ont formée, eſt fort riche, & principalement en Manuſcrits. Le haſard m'en fit rencontrer un qui doit être très-ancien, si les régles de critique sur cette matiere sont vraies ; il est bien conservé, & a pour titre : *Entretiens de Phocion*.

Un Ouvrage jusqu'alors inconnu, & qui porte le nom d'un des plus grands hommes de la Grece, aussi célebre par son éloquence que par ses vertus & ses talens militaires, fixa toute mon attention. A peine eus-je commencé à le parcourir, qu'il ne me fut plus possible de le quitter. Je le lus & le relus plusieurs fois. J'invitai le Bibliothécaire à enrichir le Public du trésor qu'il possédoit ; mais comme il ne me répondit que d'une maniere peu satisfaisante, en se plaignant du mépris que notre Siécle fait des Anciens, de la décadence des Lettres, & de l'inutilité de multiplier les originaux, tandis qu'on ne lit plus Homere, Platon & Démosthene, que dans des versions; je me hâtai de faire un extrait de la doctrine de Phocion. Ce premier essai me donna l'envie de traduire ses Entretiens: la briéveté de l'Ouvrage me fit dévorer toutes les difficultés de mon entreprise, & depuis j'ai profité des premiers momens de loisir dont j'ai joui, pour retoucher ma traduction, que je n'avois d'abord songé qu'à rendre exacte & littérale.

J'ai communiqué mon travail à quelques Sçavans, & les ai consultés sur plusieurs passages que j'avois copiés exactement, & qui m'embarrassoient. Ils ont eu la bonté de m'aider de leurs conseils; & en même temps que je m'acquitte du tribut de reconnoiſſance qui leur eſt dû, je ne dois pas laiſſer ignorer aux Lecteurs, que ſi quelques-uns ne doutent pas que Nicoclès n'ait recueilli la doctrine de Phocion, ainſi que Platon & Xenophon ont recueilli celle de Socrate, d'autres ſoupçonnent que cet Ouvrage pourroit bien n'avoir été composé que dans un ſiécle poſtérieur même à celui de Plutarque.

Par quelle fatalité, m'a-t-on dit, Cicéron, qui avoit fait une étude profonde de tous les Philoſophes de la Grece, & qui en expoſe ſouvent la doctrine avec une ſorte de complaiſance, ne cite-t-il Nicoclès, ni Phocion, dans aucun endroit de ſes Ouvrages philoſophiques? Ce ſilence n'eſt-il pas une preuve que le Philoſophe Romain ne connoiſſoit pas les Entretiens que vous avez découverts dans la poussiere d'une Bibliothéque ? Et s'il ne les connoissoit pas, est-il vraisemblable qu'ils existassent de son temps ? Plutarque, ajoûtoit-on, cet Ecrivain si exact à rapporter tout ce qui est propre à faire connoître ses Héros, a écrit la vie de Phocion ; eût-il négligé de rendre compte de son systême moral & politique, s'il eût eu entre les mains l'Ouvrage de Nicoclès ? Il parle en deux endroits de Nicoclès même, comme de l'homme le plus tendrement attaché à Phocion. Comment auroit-il oublié d'avertir qu'il a fait & transmis à la postérité le tableau le plus précieux des mœurs & de l'esprit de son ami ? C'eût été relever la gloire de l'un & de l'autre. De-là on a conclu que les Entretiens de

Phocion ne ſont pas d'une auſſi haute antiquité, qu'on feroit d'abord tenté de le croire, & que le véritable Auteur de cet Ouvrage n'a vraiſemblablement emprunté les noms reſpectables de Phocion & de Nicoclès, que pour donner plus de crédit à ſa doctrine.

Quelque prévenu que je le ſois en faveur des Critiques qui m'ont fait ces objections, je l'avouerai cependant, elles ne m'ont pas convaincu. Eſt-ce amour propre de Traducteur, ou ſuis-je fondé en raiſon ? Le Public en jugera. Le ſilence de Cicéron, ou je me trompe fort, n'eſt point un argument invincible contre l'Ouvrage dont je donne la traduction. Je ne vois pas que l'ordre des matieres qu'il traitoit dans ſes *Offices*, ſes *Tuſculanes*, ſes *Dialogues ſur la nature des Dieux*, &c. le conduiſît à parler des Entretiens de Phocion ; pourquoi les auroit-il cités ? C'eſt dans ſon *Traité des Loix*, & ſur-tout dans ſes *Livres de la République*, qu'il auroit eu occaſion d'en expoſer la doctrine. Si je dis que vraiſemblablement il l'a fait, il me ſemble qu'on ne peut m'oppoſer qu'un doute vague qui ne prouve rien ; puiſqu'il s'en faut bien que le premier de ces Ouvrages ſoit parvenu entier juſqu'à nous, & que le ſecond ne nous eſt connu que par quelques fragmens très-courts.

Le ſilence de Plutarque forme, j'en conviens, une difficulté plus ſpécieuſe ; mais de ce qu'il n'a pas cité l'Ecrit de Nicoclès, en faut-il conclure qu'il ne l'a pas connu ? Ne voit-on pas que Phocion eſt peint dans cet Hiſtorien avec les mêmes couleurs qu'il ſe peint lui-même dans ses Entretiens ? N'étoit-ce pas exposer de la maniere la plus intéressante le systême de morale & de politique de ce grand homme, que de le représenter lui-même inviolablement attaché à la pratique de toutes les vertus ? Plutarque a crû avec raison que le devoir d'un Historien se bornoit là. C'est parce que l'Ouvrage de Nicoclès étoit entre les mains de tout le monde, qu'il aura peut-être regardé comme inutile d'en parler. Peut-être en avoit-il déja rendu compte dans quelqu'un de ses Ouvrages de Morale ; & si le temps nous en a dérobé plusieurs, comment peut-on se prévaloir du silence de Plutarque ? Je le remarquerai en passant, ce silence des Ecrivains, que la plûpart des Critiques employent à chaque instant comme

comme un argument décisif, ne forme presque jamais qu'un préjugé très-foible. S'il prouvoit quelque chose contre les Entretiens de Phocion, il faudroit se livrer au Pyrrhonisme reproché au Pere Hardouin, & douter avec lui que la plûpart des Ecrits de l'antiquité fussent des Auteurs dont ils portent le nom.

Mais ce qui répond à toutes les difficultés qu'on peut m'opposer, c'est l'éloquence, c'est la force, c'est l'énergie des Entretiens de Phocion. Si les Sçavans, qui n'ont vu que ma traduction, dont je ne me dissimule pas l'extrême foiblesse, avoient lû l'original, ils y auroient reconnu sans peine ce caractere qui distingue le Siécle de Platon, de Thucydide & de Démosthene, des temps qui l'ont suivi. Je sçais que plusieurs siécles encore après,

& lorſque la Grece fut même devenue une Province Romaine, les Grecs continuerent à parler leur langue avec une extrême pureté ; mais l'époque de la ruine de leur liberté fut l'époque de la décadence de leur génie. Les eſprits amollis & plus timides, n'eurent plus une certaine ſéve, une certaine vigueur. On parla avec élégance, mais on penſa ſans force ; les idées du beau ſe perdirent, & l'éloquence cultivée par des Rhéteurs, & non par des Philoſophes, abandonna ſon ancienne ſimplicité, pour ſe parer d'ornemens inutiles.

La philoſophie ſi ſage, ſi lumineuſe dans les Ecoles de Socrate & de Platon, dégénéra encore plus promptement que l'éloquence. Les Sophiſtes, dont ces grands hommes commençoient déja à ſe plaindre, conjurerent contre la vérité, & l'étoufferent. Pour augmenter le nombre de leurs disciples, à qui ils vendoient leurs leçons, ils se firent une étude d'inventer des opinions bizarres, hardies & extraordinaires, & un art de les défendre par de misérables subtilités. Croira-t-on aisément que de cette lie de la philosophie soit sortie la doctrine des Entretiens de Phocion? La Politique fut encore plus négligée que la Morale par des hommes qui n'étoient plus libres, qui n'aimoient plus leur Patrie, & qui faisoient bassement la cour aux Romains. Mais je m'arrête trop long-temps sur cette matiere. Les Sçavans, qui connoissent le génie & la maniere, si je puis parler ainsi, de chaque siécle, se diront eux-mêmes, & mieux que je ne pourrois faire, tout ce que je tais ici. Pour le reste du Public, il ne s'occupe guère de ces sortes de discussions. Un Ouvrage est-il bon; est-il mauvais? Voilà ce qui le touche, & non pas le nom de son Auteur, & la date du temps où il a été écrit.

Quand Phocion prit part au Gouvernement de sa Patrie, la Grece, divisée par ses querelles domestiques, n'étoit plus ce qu'elle avoit été autrefois, lorsqu'unie par les loix de sa confédération, & sous la conduite de Miltiade, d'Aristide, de Thémistocle, de Léonidas, &c. elle humilia l'orgueil des Perses. Les Lacédémoniens, jaloux des grandes choses qu'Athénes avoit faites pendant la guerre Médique, & inquiets des sentimens d'ambition ou de vanité que cette République laisſoit voir, n'avoient cherché qu'à lui faire perdre la conſidération qu'elle méritoit. Les Athéniens, trop fiers de leur côté d'avoir ſauvé la Grece, & d'être les maîtres de la mer, ne tarderent pas à ſe plaindre de l'injuſtice de Lacédémone, & lui diſputerent le commandement des armées dont elle avoit joui ſans trouble, depuis qu'elle obéiſſoit aux ſages inſtitutions de Lycurgue. Ces deux peuples ſe firent des injuſtices & des injures; la guerre fut enfin allumée entr'eux, & dès ce moment l'émulation, qui avoit produit mille vertus chez les Grecs, ſe convertit en une jalouſie qui produiſit mille vices. Toutes les Républiques de la Grece prirent part à cette querelle; elles oublierent qu'elles avoient la même origine, ne formoient qu'un peuple,

& que leur alliance étoit le fondement de leur liberté. On ne connut plus aucune régle, aucun ordre, aucune ſubordination; on ne conſulta que ſon ambition & ſa vengeance; & pendant près de trente ans qu'Athenes & Lacédémone ſe diſputerent l'empire de la Grece avec opiniâtreté, leurs efforts inutiles, les maux qu'elles ſe faiſoient, leur foibleſſe qui en étoit le fruit, rien ne fut capable de les éclairer ſur leurs intérêts, & de leur faire ſentir qu'elles couroient à leur ruine.

Tout le monde ſçait la fin malheureuſe de la guerre du Péloponeſe. Les Athéniens aſſiégés par mer & par terre, furent enfin obligés de recevoir la loi d'un vainqueur d'autant plus diſpoſé à abuſer des droits de la victoire, que ſes ſuccès lui avoient coûté plus de peine. Athenes vit détruire ſes fortifications, Lyſander y abolit le gouvernement populaire ; & cette ville, ſi jalouſe & ſi fiere de ſa liberté, fut condamnée à obéir à trente Tyrans. Traſybule la délivra de ce joug rigoureux, mais des hommes d'abord corrompus par la proſpérité, familiariſés enſuite dans la ſervitude avec les vices les plus bas, recouvrerent leur premier gouvernement, ſans reprendre leur ancien caractere. Le goût des plaiſirs & le luxe de quelques Citoyens porterent une licence extrême dans les mœurs. La pauvreté avilit la multitude, & la rendit inſolente & ſéditieuſe. L'amour de la Patrie fut éteint, l'amour de la gloire fit place à l'amour des richeſſes, les loix combattues par les mœurs ne conſerverent aucune force, & les Magistrats méprisables & méprisés n'eurent aucune autorité.

Les Spartiates, quoique vainqueurs, ne jouirent pas cependant d'une fortune plus heureuse que les vaincus. En dominant sur la Grece, ils ne sentoient que leur foiblesse, parce qu'ils avoient renoncé aux principales institutions de Lycurgue. L'injustice, la force & la ruse qu'ils voulurent employer pour affermir & conserver leur Empire, ne suppléerent point à la justice, à la modération, à la bienfaisance, par lesquelles ils avoient autrefois mérité la confiance des Grecs, & étoient devenus les chefs & les arbitres de leur confédération. Chaque ville, effrayée de l'ambition des Lacédémoniens, craignit avec raison d'éprouver le sort d'Athénes, si elle vouloit jouir de ses droits.

Toute la Grece s'agita pour secouer le joug ou pour prévenir la servitude; & la puissance de Sparte s'évanouit, dès que les Thébains, qu'elle traitoit moins en sujets qu'en esclaves, se révolterent contre sa tyrannie.

On vit Thébes à la tête des affaires de la Grece, & l'élévation inattendue d'une République, qui seroit restée dans l'obscurité, si elle n'avoit produit par hasard un Pélopidas & un Epaminondas, fit éclater une révolution préparée par ses vices, & par l'inquiétude générale qui agitoit les Grecs. Il n'y eut point de ville un peu considérable qui ne crût devoir aspirer à la même fortune que Thébes. Chaque Peuple se fit des intérêts à part; il ne subsista plus aucune trace de l'ancienne union; les alliances, jusqu'alors les plus respectées, furent oubliées, & celles qui se formerent au milieu du trouble & de l'anarchie, n'inspirerent aucune confiance. La Politique, changée en une intrigue frauduleuse, ne servit plus que les passions les plus contraires au bien de la société. C'est dans cette situation déplorable que Philippe surprit la Grece, en montant sur le trône de Macédoine ; & on commençoit déja à redouter son ambition, lorsque Phocion eut avec Aristias les Entretiens que Nicoclès nous a conservés.

Cet Ouvrage traite de la matiere la plus importante pour les hommes. On remonte aux principes fondamentaux de la politique, & on prouve qu'elle ne peut travailler efficacement au bonheur de la société, qu'autant qu'elle est attachée aux régles de la plus exacte morale. Ce ne sont point ici les lieux communs d'un déclamateur, ni les spéculations d'un Philosophe séparé des affaires, & qui ne connoît pas les hommes. Ce sont les préceptes d'un Sage dont la philosophie ne fut jamais oisive, que l'expérience éclaire, & qui puise dans la nature même de l'homme les principes de la science propre à le gouverner. Phocion commanda presque continuellement les armées d'Athenes. Ses Concitoyens le chargerent de plusieurs négociations de la plus grande importance dans les conjonctures les plus difficiles; & il avoit mille fois éprouvé dans le Sénat, & dans les Assemblées du peuple, que sa République n'étoit foible, chancelante & méprisée, que parce qu'elle n'avoit plus de vertu. Nous avons beau nous être fait une idée toute différente de la politique, la vérité ne changera point au gré de notre ignorance & de nos caprices; si Phocion nous la découvre, rétractons nos erreurs, & tâchons de profiter de ses leçons.

Il seroit téméraire à moi de vouloir écrire ici la vie de ce grand homme; en essayant d'égaler Plutarque, je sens combien mes efforts seroient inutiles. Je me contenterai de rapporter quelques traits de la vie de Phocion, propres à faire connoître ses mœurs & son caractere.

Il passe des Ecoles que Socrate avoit formées, à l'armée de Chabrias, sous lequel il fit ses premieres armes; & tandis que le jeune Disciple de Platon apprenoit l'art de la guerre de ce Général habile, mais quelquefois pareſſeux ou emporté, il lui enſeignoit à ſon tour à commander avec la diligence, l'exactitude & la modération dignes d'un grand Capitaine. Chabrias démêla ſans peine tous les talens de ſon éleve & de ſon maître, & à la bataille de Naxe il lui confia le commandement de ſon aîle gauche, qui décida de la victoire.

Athenes n'avoit plus de ces Citoyens à la fois hommes d'Etat dans la Place publique ou dans le Sénat, & Capitaines à la tête des armées. Les uns ſe deſtinoient aux emplois militaires, les autres aux fonctions civiles, & depuis ce partage, les talens & la République étoient également dégradés. Phocion fit revivre l'ancien uſage; réunir les talens, c'étoit en quelque ſorte multiplier les Citoyens, les reſſources de l'Etat & les grands Magiſtrats. Il croyoit que toutes les connoiſſances ſe prêtent un ſecours mutuel. Il gagna des batailles, traita de la paix, & fut le rival de Démoſthene, qui l'appelloit *la hache de ſes diſcours*, & ne craignit que lui de tous les Orateurs dont Athenes étoit alors remplie.

En ſe rendant digne de tous les emplois de la République, Phocion n'en brigua jamais aucun. Quoique sûr de commander les armées, ſi on faiſoit la guerre, il conſeilla toujours la paix; & le peuple, à qui il reprocha ſans ceſſe ſes vices, tantôt avec force, tantôt avec une plaiſanterie fine & piquante, le proclama quarante-cinq fois ſon Capitaine Général. Il gagna une bataille conſidérable ſur les Macédoniens dans l'Eubée, chassa Philippe de l'Hellespont, dégagea Mégare qu'il attacha aux Athéniens, & défit le Général Micion qui ravageoit l'Attique. Toujours occupé à réparer les pertes que les autres Capitaines avoient faites, & à rétablir, tantôt par sa prudence, tantôt par son courage, les affaires désespérées d'une République toujours trop lente ou trop précipitée dans ses démarches, il ne travailloit pas moins à faire des alliés à sa Patrie, qu'à la rendre redoutable à ses ennemis. Les peuples, accoutumés depuis long-temps à fuir avec leurs effets les plus précieux, des pays dont les armées d'Athenes approchoient, les voyoient traverser leurs terres sans terreur, lorsque Phocion les commandoit; elles sembloient en effet reprendre leur ancien esprit en marchant ſous les ordres de ce nouvel Ariſtide. On venoit au-devant de lui en habits de fête, & avec des couronnes de fleurs; on lui apportoit des rafraîchiſſemens. Il rendoit les ſoldats auſſi humains que braves; ſa vertu étoit le gage de la ſûreté & de la foi publiques; aucune ville, aucun port ne lui étoit fermé.

Phocion avoit dans Athenes corrompue, les mœurs ſimples & frugales de l'ancienne Lacédémone. Né avec une fortune très-médiocre, ſa pauvreté lui étoit chere. Il regarda les richeſſes comme un fardeau incommode pour le Sage qui ſçait s'en paſſer, & comme un écueil pour la vertu qui n'eſt pas parvenue à les mépriſer. Il refuſa conſtamment les dons qu'Alexandre & Antipater voulurent lui faire. Condamné, comme

Socrate, par une assemblée du peuple, à boire de la cigue, il n'eut pas de quoi payer le poison qu'on lui préparoit : *Puisqu'il faut acheter la mort à Athenes*, dit-il à un de ses amis, *acquittez-moi de cette dette, & donnez douze drachmes à l'Exécuteur.*

Lui seul fut tranquille dans cette assemblée tumultueuse qui le condamna, & dont on n'exclut ni les esclaves, ni les étrangers, ni les hommes notés d'infamie. Les gens de bien n'y porterent que leur consternation. Découragés par un spectacle si propre à intimider la vertu, s'il ne lui inspiroit un généreux désespoir, ils gémirent & baisserent les yeux, en voyant Phocion accusé, & chargé de fers. Nous reprochons à nos peres la mort de Socrate ; la postérité, dûrent-ils dire, nous reprochera éternellement celle de Phocion. Nous ne le jugeons pas, nous l'aſſaſſinons. Malheureux Athéniens ! quel ſort funeſte nous attend ? puiſque c'eſt-là le prix que nous gardons à la vertu.

En allant à ſa priſon, après avoir entendu ſon Jugement, Phocion, dit Plutarque, conſerva le même viſage que quand il ſortoit de l'Aſſemblée de la Place, aux acclamations du peuple, pour aller ſe mettre à la tête de l'armée, ou qu'il reparoiſſoit dans le Sénat, après avoir vaincu les ennemis. Il eut la générosité de pardonner ſa mort à ſes Concitoyens, & ordonna à ſon fils de ne jamais penſer à le venger. Les Athéniens ouvrirent bientôt les yeux ſur leur injuſtice, & connurent la perte qu'ils avoient faite. Ils allerent chercher à Mégare les cendres d'un homme à qui ſes ennemis avoient fait refuſer les honneurs de la ſépulture dans l'Attique. On lui éleva un tombeau & une ſtatue aux dépens de la République, & on fit mourir ſes Accuſateurs, ou du moins leur chef Agnonides.

Nicoclès, qui nous a conſervé la doctrine de Phocion, fut condamné avec lui à boire la cigue. Cet ami tendre & fidéle ne vit dans cette affreuſe cataſtrophe que l'horreur d'être témoin de la mort de Phocion, & le conjura de lui permettre de boire le poiſon avant lui. *Mon cher Nicoclès*, lui répondit Phocion, *votre demande me déchire le cœur; mais puiſque je n'ai jamais rien refuſé à votre amitié, je veux bien vous faire encore ce dernier ſacrifice.*

C'eſt inutilement que j'ai parcouru les Hiſtoriens qui ont parlé des affaires d'Athenes & de la Grece, ſous les régnes d'Alexandre & de ſes premiers ſucceſſeurs, pour y trouver quelques éclairciſſemens ſur Ariſtias, à qui Phocion donne des leçons de morale & de politique. Ce nom eſt peu connu dans l'antiquité ; je ne me rappelle pas même qu'il ait été porté par d'autre homme connu, que par un Poëte Dramatique, contemporain d'Eſchyle, & dont il ne nous reſte aucun Ouvrage. Sans doute qu'Ariſtias, qui avoit adopté les principes de ſon Maître, mourut avant que d'avoir pû conſacrer ſes lumieres & ſes talens au ſervice de ſa Patrie. Pour Cléophane, à qui Nicoclès adreſſe les Entretiens de Phocion, on ſçait qu'il étoit l'ami de ces deux grands hommes. Plutarque nous apprend qu'il ſervit dans l'armée que Phocion commanda dans l'Eubée, & contribua par ses talens au succès de la campagne.

Je n'ai qu'un mot à dire au sujet des Remarques qui accompagnent ma traduction. Je me suis proposé de ne point abuser du privilége que les Traducteurs & les Commentateurs semblent s'être arrogé d'ennuyer par une érudition fastidieuse, où par des réflexions puériles. Quand Nicoclès parlera de Lycurgue, de Solon, de Miltiade, d'Aristide, de Thémistocle, de Cimon, &c. ou qu'il indiquera quelqu'événement célebre de l'Histoire ancienne, je supposerai que mes Lecteurs ont lû Hérodote, Thucydide, Xenophon, & les Vies des hommes illustres de Plutarque, & je n'aurai point la vanité de vouloir leur apprendre ce qu'ils sçavent déja. Je tâcherai d'être court dans les Remarques qni ne roulent que sur la Morale ; elles ne contiendront ordinairement que quelque passage des Anciens. Je me suis fait la même régle à l'égard des Remarques qui regardent la Politique ; je sçais combien des lieux communs sur l'art de gouverner sont insipides.

SOMMAIRES DES ENTRETIENS DE PHOCION.

PREMIER ENTRETIEN.

Idée générale de la situation d'Athenes & de la Grece, quand Phocion instruisit Aristias. Que la Politique est une science dont les principes sont fixes. Sa premiere régle est d'obéir aux loix naturelles. L'autorité que les passions usurpent, est la source de tous les maux de la Société. La Politique doit les soumettre à l'empire de la raison, p. 1.

SECOND ENTRETIEN.

Qu'il n'y a point de vertu, quelqu'obscure qu'elle soit, qui ne contribue au bonheur des hommes. L'objet principal de la politique est de régler les mœurs. Sans elles il n'est point de bon gouvernement; elles en réparent les vices. Objections d'Aristias; Réponses de Phocion, p. 36.

TROISIÉME ENTRETIEN.

IVe ENTRETIEN.

CINQUIÉME ET DERNIER ENTRETIEN.

Fin de la Table des Sommaires.

ENTRETIENS

ENTRETIENS DE PHOCION, SUR LE RAPPORT DE LA MORALE AVEC LA POLITIQUE:

PREMIER ENTRETIEN.

Idée générale de la situation d'Athenes & de la Grece, quand Phocion instruisit Aristias. Que la Politique est une science dont les principes sont fixes. Sa premiere regle est d'obéir aux loix naturelles. L'autorité que les passions usurpent, est la source de tous les maux de la Société. La Politique doit les soumettre à l'Empire de la Raison.

NE désespérez pas du salut de la Patrie, mon cher Cléophane, Athenes n'a point encore perdu la protection de Minerve, puisqu'elle possede Phocion. Peut-être nos Citoyens ne sont-ils pas assez dépravés pour mépriser constamment sa philosophie : si nous la consultions, nous ressemblerions bientôt à nos Peres ; nous verrions bientôt renaître des Miltiade, des Aristide, des Thémistocle, des Cimon, & une République digne de ces grands Hommes.

Pénétré de douleur à la vûe des vices qui ont infecté l'ame de nos Citoyens, & des guerres implacables qui ont succédé aux querelles passageres qui troubloient autrefois la Grece sans la (1) diviser; je crois ne voir de tout côté que de funestes présages d'une servitude prochaine, & je vais chercher de la consolation dans les Entretiens de Phocion. Mon cœur épanche dans le sien ses craintes & ses chagrins. Il n'y a, me dit-il, que les Dieux qui soient immortels ; les Empires, les Républiques se forment, s'élevent, & leur prospérité même, dont ils abusent toujours, est toujours le signe de leur décadence. Ouvrages des hommes, ils portent l'empreinte de leur foiblesse; ils sont sujets, comme eux, aux maladies, à la caducité & à la mort. Vous & moi nous aurions dû naître dans des temps plus heureux; il est doux de voguer sur les mers, quand un vent favorable agite mollement les vagues, & que le Pilote lit sa route dans un ciel serain: mais ne murmurons point contre l'ordre éternel des choses, qui ne nous a pas destinés à ce bonheur. Au milieu d'une mer orageuse & couverte d'écueils, nous devons, s'il est possible, espérer contre toute espérance, & ne pas abandonner lâchement la manœuvre du vaisseau. Mon cher Nicoclés, me dit Phocion, il n'est jamais permis de désespérer du salut de la République; aux plus grands désordres opposez une plus grande sagesse, aux plus grands périls opposez un plus grand courage: attendez des miracles de la part des Dieux, & peut-être en ferez-vous. La République peut périr; mais la consolation d'un bon Citoyen, en s'ensevelissant sous ses ruines, c'est d'avoir tout tenté pour la sauver.

Que n'êtes-vous avec nous, mon cher Cléophane! Nous parlons de l'amour de la Patrie & de la liberté, qui ne vit plus que dans le cœur de trois ou quatre Citoyens ; nous regrettons cette ancienne ſimplicité qui ſervoit de rempart aux bonnes mœurs; nous gémiſſons ſur la jouiſſance de ces faux plaiſirs après leſquels nous courons, & qui ne nous préparent que des malheurs. Phocion, lui diſois-je hier, je ne ſuis pas étonné que nos triomphes dans le cours de la guerre Médique, nous ayent inſpiré une folle préſomption. Les hommes ſont plus faits pour réſiſter aux malheurs qu'à la proſpérité; nous devions nous tenir ſur nos gardes, & conjurer les Dieux de mettre le comble à leurs bienfaits, en ne nous permettant pas d'en abuſer, & nous nous ſommes laiſſé imprudemment éblouir par notre gloire. Nous n'avons pas compris que cette proſpérité diſparoîtroit, ſi nous abandonnions les principes auxquels nous la devions. Trop fiers de régner ſur la mer, nous avons cru, après la journée de Salamine, qu'il étoit indigne de nous de reſpecter les droits de Lacédémone, & de n'occuper que la ſeconde place dans la Grece. Nos Voiſins & les Colonies ont recherché notre alliance, & nous avons cru leur faire une grace en la leur accordant; nous avons eu la folie de vouloir leur vendre une protection que nous devions leur donner. Notre orgueilleuse ambition nous a bientôt fait commettre de nouvelles fautes ; nous avons cessé de respecter la liberté de nos amis, parce qu'ils étoient moins puissans que nous. Après les avoir affranchis du joug des Perses, nous avons voulu leur imposer le nôtre : ils souffroient patiemment notre orgueil; mais notre (2) avarice a enfin soulevé la leur, & ils sont devenus nos ennemis.

Nous sûmes punis de nos injustices par la révolte ou la défection de nos Alliés; & au lieu d'ouvrir les yeux & de nous corriger, nous espérâmes de pouvoir être injustes impunément, & nous recourûmes à la force pour régner sur des Peuples qui faisoient notre grandeur, en nous prêtant leurs vaisseaux & leurs bras; il a fallu les affoiblir & les ruiner, & nos succès mêmes sont devenus autant de disgraces pour nous. Qu'espérions-nous en rompant les nœuds de cette alliance antique & reſpectable, qui entretenoit la paix entre les Grecs, & qui les a fait triompher des armées innombrables de l'Aſie? La guerre du Péloponeſe, dont nous ſommes les auteurs, a été le germe fécond de toutes nos calamités : nous avons été vaincus, & quand nous aurions été vainqueurs, notre (3) ſort & celui de la Grece n'en auroient pas été plus heureux. Un eſprit de vertige s'étoit répandu d'Athenes dans toute la Grece. La haine, la vengeance, l'ambition, les ſoupçons étoient dans tous les cœurs. Les Grecs étoient devenus eux-mêmes leur plus grands ennemis; & ce que chaque République fait depuis ce moment fatal pour conſerver ſa liberté ou ſe rendre plus puiſſante, c'eſt préciſément ce qui la perd.

Cependant quelle que ſoit notre ſituation, je ne ſçais quel preſſentiment m'avertit encore quelquefois que tout n'eſt pas déſeſpéré. Si les Dieux, Phocion, avoient voulu notre ruine entiere, ils nous auroient laiſſé décheoir inſenſiblement; une corruption lente nous auroit privés des reſſources néceſſaires pour en ſortir ; un bandeau, de jour en jour plus épais, nous auroit empêchés de voir l'abîme où nous allons tomber. Mais la bonté infinie des Dieux ne l'a pas permis ; ils nous ont donné au contraire de grands avertiſſemens ; ils ont permis que des révolutions ſubites & inattendues nous forçaſſent malgré nous à réfléchir.

Notre Patrie, qui aſpiroit à tout ſubjuguer, a vû en un jour renverſer ſes murailles, & établir dans ſon ſein trente Tyrans d'autant plus cruels, qu'ils étoient des eſclaves timides de Lyſander Lacédémone, qui après ſa victoire tyranniſoit la Grece, & dont les armées, ſous la conduite d'Agéſilas, avoient porté la terreur juſques dans la Capitale même du *Grand Roi*, a vû expirer ſa puiſſance dans les champs de Leuctre ; cet Empire qui a tant coûté de travaux à nos Peres & aux Spartiates, que les uns cependant n'ont pû acquérir, que les autres n'ont pû conſerver : quelle ville inſtruite par tant d'expériences, ne doit pas juger aujourd'hui qu'il eſt inſenſé d'y aſpirer par la force ? Pourquoi la Grece ne rentre-t-elle donc pas en elle-même ? Les Dieux ne ſe laſſent point de nous avertir & de nous inſtruire : l'ambition de Philippe ne ſuffira-t-elle pas pour nous rendre ſages ? C'eſt à nos vices, qui ſont notre foibleſſe, que la Macédoine doit ſa force & ſes ſuccès. Il eſt temps de connoître nos vrais intérêts ; nous le voyons, nous le ſentons, il ſemble même que nous voulions agir : mais toutes les facultés de notre ame ſe trouvent engourdies, & le moindre effort nous fatigue. Par quel art retrouverons-nous donc notre courage & nos forces ?

Phocion alloit me répondre, lorſque nous fûmes interrompus par Ariſtias. C'eſt un jeune homme né pour aimer & reſpecter la vertu, mais dont les ſophiſtes avoient déja commencé à gâter l'eſprit. Il entra avec cet air avantageux d'un étourdi qui croit poſſéder de grandes vérités, parce qu'il a des opinions biſarres, & qui s'admire avec complaiſance pour avoir eu la force de ſecouer quelques préjugés groſſiers. Je viens vous demander votre amitié, dit-il à Phocion en l'abordant, & vous ne pouvez me la refuser, c'est pour le bien de la Patrie que je vous la demande.

Je commence, continua-t-il, à me lasser de cette philosophie oisive, qui n'enseigne que de stériles vérités, ou plutôt d'ingénieuses rêveries sur la formation de l'Univers, & la nature des Dieux & de notre ame; on sçait bientôt à quoi s'en tenir sur tout cela. Les hommes après tout sont faits pour vivre en société; c'est à leurs mains à préparer leur bonheur, c'est donc l'étude de la société, c'est-à-dire la politique, qui doit les occuper. Qui pourroit mieux me guider dans cette carriere que vous, Phocion, qui avez acquis à juste titre une si grande réputation à la tête de nos armées, dans le Sénat & notre Place publique? Je ne sçais pourquoi nos affaires vont si mal; car Athenes, qui n'est plus barbare, a tout ce qu'il faut pour être la premiere République du monde. Tout abonde ici de toutes parts; nos richesses (4), nos talens & notre industrie apportent parmi nous les délices de toute la terre. Faits pour cultiver tous les Arts, nous les perfectionnons tous. La philoſophie a poli nos mœurs, & nous avons appris à rendre les vertus commodes, faciles & agréables. L'amour de la gloire ſçait nous arracher ſans effort aux plaiſirs, & nous poſſédons au ſouverain degré le talent de jouir des avantages de la ſociété. Sans nous flatter, ne valons-nous pas inconteſtablement mieux que nos voiſins?

Voyez la peſanteur des Spartiates. Ils délibéreront encore dans un mois ſur ce qu'il falloit exécuter il y a quinze jours. Rien n'égale la ſottiſe des Béotiens que leur préſomption. Pour avoir été un moment les arbitres de la Grece, ils croyent bonnement être en droit de la gouverner. La Phocide avec ſon temple de Delphe, croupit dans un reſpect auſſi ridicule que profond pour les oracles de ſon Apollon. Corinthe n'eſt groſſiérement occupée que de ſon argent & du commerce qu'elle fait ſur deux mers: le reſte de la Grece ne vaut pas l'honneur d'être nommé; & ſi nous ne l'avions pas un peu façonné, tout y ſeroit encore auſſi barbare que nos reſpectables ancêtres du temps de Théſée. Malgré tous nos avantages, je ne ſuis pas content ; il me ſemble que nos Magiſtrats ne ſçavent pas tirer parti de nos bonnes qualités ; je ſens que la République, qui devroit gouverner impérieuſement la Grece, s'énerve & dépérit par notre faute. Il ne nous échappe pas le moindre trait de génie ; nous ne faiſons rien de ce que nous devrions faire : à quoi nous ſervent donc nos talens ? Il faudroit propoſer de nouvelles loix, ou du moins corriger les anciennes. Solon pouvoit être bon autrefois ; mais d'autres temps, d'autres ſoins. Une politique froide & ſans imagination, n'eſt propre qu'à engourdir les Citoyens : enfin Philippe & la Macédoine ne laiſſent pas de m'inquiéter ; c'eſt une choſe indécente, & nous devrions déja les avoir rangés à leur devoir.

Phocion ſourit nonchalament à ce début ; pour moi je fus vivement tenté de corriger un petit préſomptueux aſſez maladroit pour exciter notre mépris, en croyant mériter notre admiration. Je me tus cependant, & Ariſtias continua ſon diſcours, & nous expoſa en détail ſes réflexions. Tout fut critiqué dans la

République, & grace à l'énormité de nos sottises, le jeune homme eut assez souvent raison. Mais rien n'est égal à la folie des remedes qu'il nous proposa. Il s'applaudissoit de ses découvertes ; il blâma à plusieurs reprises la (5) loi qui défend de haranguer dans la Place publique avant l'âge de cinquante ans; il nous fit comprendre adroitement que cette loi ridicule privoit la République de ses sages conseils, & il se tut enfin, quand il crut nous avoir prouvé qu'il étoit le génie tutélaire d'Athenes, & qu'il ne falloit pas s'en prendre à lui si la République tomboit en décadence.

Je vous rends graces, lui dit Phocion, des lumieres que vous m'avez communiquées, & je ne puis que louer votre zele pour la Patrie. Vous avez démêlé avec beaucoup d'esprit plusieurs vices de notre République & de la Grece; cependant il me semble que dans le grand nombre de remedes que vous voudriez essayer, vous n'avez point suivi un certain ordre, une certaine méthode que je croirois nécessaires, & sans lesquels tout ce que vous proposez, pallieroit peut-être pour un inſtant, mais ne guériroit pas nos maux. Que diriez-vous d'un Médecin que j'appellerois auprès d'un hydropique dévoré d'une ſoif ardente, & qui ordonneroit ſimplement de le faire boire? Un ſang enflammé circule dans ſes veines: qu'on le mette dans un bain. Ce n'eſt point là la Médecine, ce n'eſt que le conſeil perfide d'un Charlatan ignorant, qui, ſans guérir la maladie, ne ſonge qu'à donner à ſon malade un ſoulagement paſſager, mais funeſte.

Oſeriez-vous vous ériger en Médecin, avant que d'avoir étudié toute la machine du corps humain? Non ſans doute, vous voudriez d'abord en connoître en détail toutes les parties; vous voudriez vous inſtruire de leurs fonctions, de leurs différens rapports, & avoir examiné la vertu & la propriété de chaque remede. La Politique, Ariſtias, eſt la médecine des Etats, & cette médecine n'a pas moins beſoin que l'autre de connoiſſances & de méditations. Avant que d'imaginer tant de choſes pour faire fleurir notre Patrie, avez-vous commencé par vous demander à vous-même, pourquoi les hommes ont consenti à renoncer à cette indépendance avec laquelle ils sont nés, & établi entr'eux un Gouvernement, des Loix & des Magistrats? Avez-vous bien réfléchi sur la nature du cœur & de l'esprit humain, & du bonheur dont nous sommes susceptibles? Etes-vous remonté à la source de nos passions? Connoissez vous bien leur force, leur activité, leurs caprices? Avez-vous tâché de vous dépouiller de vos préjugés, pour ne consulter que la raison, & vous élever, par son secours, jusqu'à la connoissance des vûes générales de la nature sur nous? Enfin avez-vous tâché de distinguer nos vrais besoins, de ceux que nous nous sommes faits nous-mêmes, de ces besoins artificiels qui causent peut-être tous nos malheurs, en nous procurant cependant par intervalle quelques plaisirs passagers dont nous sommes les dupes?

Sans ces connoissances préliminaires, qui vous répondra que l'objet que vous vous proposez, soit en effet celui que vous devez vous proposer? Comment serez-vous sûr que le remede que vous employez, produira le bien que vous en attendez, ou qu'en l'appliquant à une partie de la société, vous ne nuirez pas à l'autre? La Politique ne seroit qu'un art aussi méprisable que les Charlatans qui l'exercent aujourd'hui dans la Grece, si ne nous délivrant d'un mal que pour nous en donner un autre, elle ne remonte pas jusqu'à la cause des vices mêmes qui obstruent le corps de la République, ou qui en aigrissent & irritent les humeurs. Si vous ne cherchez, Aristias, qu'un recueil de charlatanneries ou de tours de passe passe, je ne suis point votre fait; mais je vous avertis que ce n'est pas là la politique. L'art de tromper les hommes, n'est point l'art de les rendre heureux. C'est parce que la Grece n'est plus gouvernée que par des Empiriques, qu'une fortune inconstante, capricieuse & cruelle décide impérieusement de notre sort. En courant après un bonheur chimérique, ombre légere qui nous trompe, & que nos mains ne peuvent saisir, pourquoi sommes-nous étonnés de ne trouver que des malheurs? Occupés du seul moment présent, ce moment nous échappe ſans ceſſe ; & notre politique, toujours placée dans des circonſtances imprévues, voit tromper ſes eſpérances & déconcerter ſes projets. Nous éprouvons que ce qui sembloit procurer hier une ſorte de calme à la République, y excite aujourd'hui un orage : que ne remontons-nous donc à ces principes lumineux, fixes & immuables que la Nature nous a donnés pour chercher & affermir notre bonheur ?

Je jouiſſois d'un double plaiſir, mon cher Cléophane ; j'écoutois Phocion, & je voyois Ariſtias, qui, en rentrant en lui-même, étoit combattu par l'envie de s'inſtruire & la confuſion de s'être trompé. Ces ſentimens ſe peignoient tour à tour ſur ſon viſage, & j'allai au ſecours de ſa raiſon. Ariſtias, lui dis-je, je vous conſeille de vous conſoler de n'être pas tout-à-fait auſſi habile que Phocion. Il rougit & ſourit. Courage, ajoutai-je, ſi vous êtes aſſez généreux pour convenir qu'à vingt ans on peut ſans honte ignorer bien des choſes, vous ſerez ſans doute digne d'être le diſciple de Phocion. A ces mots l'amour de la vérité prit dans

Ariſtias l'aſcendant ſur l'amour propre. Il me ſauta au col, & ce ne fut que par reſpect pour Phocion qu'il n'oſa l'embraſſer.

Je l'avoue, dit-il, il s'en faut bien, Phocion, que je ſois prêt à corriger nos loix, & reparer les fautes de nos Magiſtrats. Sans connoître encore mes erreurs, je vois que je dois m'être trompé, je n'en doute pas. Cependant, plus j'y réfléchis, moins je comprends votre penſée. Peut-il ſe faire, pourſuivit-il, qu'au milieu des révolutions, qui changent continuellement la nature des affaires & la face des ſociétés, l'art de gouverner ait des principes fixes, déterminés & immuables? Sans doute, repartit Phocion, puiſque la nature de l'homme que la politique doit rendre heureux, tient elle-même à des principes fixes, déterminés & immuables. Les affaires peuvent changer avec nos caprices, mais ces changemens n'en apportent aucun aux régles de la nature, ni à la deſtination des hommes & de la ſociété. Mais, inſiſta Ariſtias, jettez les yeux, Phocion, ſur les Barbares qui entourent la Grece. Quelle prodigieuse différence ne remarquez-vous pas entre les Perses, les Scythes, les Thraces, les Macédoniens, &c. ? Nous autres Grecs, nous semblons former une classe d'hommes à part. Chacune même de nos Républiques n'a-t-elle pas des mœurs & une constitution différentes? N aspirons-nous pas tous à un bonheur différent? Ce qui seroit sage dans la Grece, où nous voulons être libres, deviendroit donc vicieux dans la Perse où l'on aime la servitude. L'Arcadie, placée au milieu du Péloponese, peut-elle se proposer le même objet que Corinthe? Nous qui ne cultivons qu'une terre stérile & ingrate, devons nous imiter le peuple qui habite la fertile Laconie? Puisque la Société a, selon les lieux & les temps, des besoins différens; puisque de nouvelles circonstances & une révolution rendent souvent un peuple si différent de lui-même, la principale attention de la politique ne devroit-elle pas être de varier ses principes & sa conduite?

Qu'elle varie la maniere d'appliquer ses principes, j'y consens, répondit Photion, puisque tous les peuples qui se trompent, ne sont pas dans la même erreur, & que les uns sont plus ou moins éloignés que les autres du chemin qui conduit au bonheur. Mais croirez-vous, mon cher Aristias, que, suivant la bizarrerie de nos goûts, la nature, aussi inconstante & aussi capricieuse que nous, doive avoir différentes sortes de bonheur à nous distribuer? Non, elle n'en a qu'un qu'elle offre également à tous les hommes, & la politique doit commencer par connoître ce bonheur dont l'homme est susceptible, & les moyens qui lui sont donnés pour y parvenir.

Imaginez, Aristias, des voyageurs imprudens, qui partant d'Athénes pour se rendre à Corinthe, sans s'instruire du chemin qu'ils doivent tenir, se seroient égarés sur la route de l'Ionie, de la Thrace ou de la Macédoine. En allant toujours devant eux, ils parviendront jusques dans les Provinces où naît le jour, chez les Nations Hyperborées, ou chez les Barbares qui habitent au-delà du Tanaïs; mais malgré leur courage & leur patience, ils périront de fatigue &

de misere, avant que de trouver sur les frontieres du Monde cette Corinthe, qui n'étoit d'abord qu'à quelques stades d'eux, & où ils pouvoient se rendre commodément. Telle est l'erreur de tous les Peuples; ils cherchent péniblement le bonheur où il n'est pas; & ils nomment politique, l'inquiétude qui les agite dans une course incertaine & trompeuse.

Vous sçavez, Aristias, continua Phocion, quelle étoit la situation de Lacédémone, quand les Dieux lui donnerent Lycurgue pour législateur. Tous les Spartiates s'étoient fait des idées fausses & chimériques du bonheur. Les deux Rois croyoient qu'il consiste à gouverner impérieusement une foule d'esclaves, les riches à voler le peuple, & la multitude à mépriser les loix dont on vouloit l'accabler. Les différens ordres de la République n'étoient quelquefois réunis que par des sentimens d'ambition, ou plutôt d'avarice, qui les rendoient odieux aux peuples voisins de la Laconie, sur lesquels ils exerçoient leurs brigandages, & dont ils éprouvoient à leur tour la vengeance.

Si Lycurgue eût nourri les erreurs de sa Patrie, au lieu de les dissiper, les Spartiates, tour à tour en proie aux désordres de la tyrannie & de l'anarchie, & toujours malheureux en se flattant d'être un jour heureux, n'auroient cessé de se déchirer, que quand un de leurs ennemis les auroit réduits eux-mêmes à la condition des Hilotes. Cet homme divin les mit sur la route du bonheur. Son opération fut simple. Au lieu de consulter leurs préjugés, il ne consulte que la nature. Il descendit dans les profondeurs tortueuses du cœur humain, & pénétra les secrets de la Providence. Ses loix faites pour réprimer nos passions, ne tendirent qu'à développer & affermir les loix mêmes que l'Auteur de la nature nous prescrit par le ministere de la raison dont il nous a doués, & qui est le Magistrat (6) suprême & seul infaillible des hommes.

A ces mots, mon cher Cléophane, Aristias, tout imbu de la doctrine de nos Sophistes, ne put s'empêcher d'interrompre Phocion. Quelles sont donc, dit-il, ces loix mystérieuses que nous impose la raison ? Pourquoi étouffer des passions dont le feu salutaire donne le mouvement & la vie à la société ? La Nature, qui nous ordonne impérieusement de courir sans relâche après le bonheur, ne nous fait-elle pas connoître clairement sa volonté & notre destination par cet attrait de plaisir ou cette pointe de douleur dont elle arme tout ce qui nous environne ? Je suis ou j'approche un objet, suivant qu'il me repousse ou qu'il m'appelle ; & comment m'égarerois-je en obéissant à cet instinct ? Mes passions nées dans moi avant ma raison, ne sont-elles pas, comme elle, l'ouvrage de la Nature ? Ce flambeau pâle & obscur qui, dit-on, doit me guider, pourquoi luiroit-il le dernier à mes yeux ? Si la Nature avoit fait les hommes pour obéir à la raison, pourquoi seroient-ils les maîtres d'y désobéir ? Cette Nature est-elle foible, timide, impuissante, & bornée comme nos Magistrats ? Cette raison, dont on vante les oracles incertains, & dont nous sommes si fiers, n'est après tout que l'ouvrage de notre vanité ; c'est à des préjugés formés par haſard, & conſacrés par l'éducation & l'habitude, que nous donnons ce nom. Différente dans la Perſe, dans l'Egypte, dans la Thrace, différente dans preſque toutes les villes de la Grece, chacun croit l'avoir, & perſonne en effet ne la poſſede. D'ailleurs foible, languiſſante, par-tout eſclave, lui ſied-t-il d'affecter l'Empire ? C'eſt aux paſſions que la Nature l'a donné, en leur donnant la force néceſſaire pour nous ſubjuguer.

Jeune homme, repartit Phocion, que je vous plaindrois, ſi ces erreurs de votre eſprit étoient paſſées juſques dans votre cœur pour y étouffer le germe de la vertu. A votre âge un paradoxe audacieux paroît la vérité, & il faut vous le pardonner, puiſqu'à votre âge on n'eſt Philoſophe que par paſſion. Mais vous aurez honte un jour d'avoir confondu les appétits groſſiers de nos ſens, & les égaremens de notre ame, avec ces loix prudentes que nous preſcrit la raiſon.

Ah ! mon cher Cléophane, que n'avez-vous été témoin de cet entretien ? Ce Phocion, toujours ſi tranquille dans les débats tumultueux de notre

Place publique, vous l'auriez vû s'échauffer peu à peu pour les intérêts de la raison & de la vertu, car leur cause est commune, & parler enfin avec cette éloquence enflammée, que je ne puis vous rendre.

Jeune homme, à qui les Dieux ont accordé un cœur droit, mon cher Aristias, je vous en conjure, ne corrompez pas le don précieux qu'ils vous ont fait. Si la raison n'est qu'un préjugé, frémissez-en, la vertu n'est plus qu'un mot inutile & vuide de sens. Vous la bannissez de la terre, & quel affreux séjour serions-nous condamnés à habiter? Les tigres seroient moins dangereux pour l'homme que l'homme même. Ne fermez pas les yeux à la vérité qui vous éclaire de tous côtés. N'est-il pas évident que l'empire, que nous laissons usurper à nos passions, est la source de tous nos maux? Et plût au Ciel qu'une expérience éternelle, & toujours répétée, n'en multipliât pas chaque jour les preuves! tandis que ma raison, ministre de l'Auteur de la nature parmi les hommes. & l'organe de ses volontés, me crie d'être juste, humain, bienfaisant;

ſant ; qu'elle m'apprend à chercher mon bonheur particulier dans le bien public,& réunit les hommes par les vertus qui inſpirent la ſécurité & la confiance ; examinez les ravages que les paſſions produiſent dans la ſociété. Chacune d'elles, aveugle ſur tout autre intérêt que le ſien,briſe les liens de la République en ſe regardant comme l'objet & le centre de tout. Le vice éloigne les uns des autres les Citoyens que la vertu rapprocheroit & tiendroit unis ; il diviſe les peuples par les haines, les craintes & les ſoupçons. Rien n'eſt ſacré pour les paſſions ; guerres, meurtres, trahiſons, violences, injuſtices, perfidies, lâchetés, voilà leur cortége ; tandis que la raiſon appelle autour d'elle la paix, la bonne foi & le bonheur à la ſuite de toutes les vertus.

Nous tenons le milieu, mon cher Ariſtias,entre les pures intelligences & les brutes ; ne ſoyons ni tout l'un, ni tout l'autre. Le terme de la Philoſophie, c'eſt de connoître notre condition, & d'être aſſez ſages pour nous tenir ſans orgueil & ſans baſſeſſe à la place qui nous eſt aſſignée. Nous avons une raiſon & des paſſions ; en riant du chagrin de ces Philoſophes farouches, qui voudroient détacher notre ame de tous les liens de nos ſens, ne tombez pas dans l'erreur mille fois plus dangereuſe de ces hommes ſans mœurs qui vous invitent à vous ſalir dans la fange de vos paſſions, & ſe repentent ſans ceſſe de s'être laiſſé tromper par les faux biens qu'elles préſentent. C'eſt aller plus loin que l'Auteur de la nature, que de vouloir détruire nos paſſions ; elles ſont ſon ouvrage & immortelles comme lui ; mais il nous ordonne de les tempérer, de les régler, de les diriger par les conſeils de la raiſon, puiſque ce n'eſt qu'ainſi qu'elles peuvent perdre leur venin, & contribuer à notre bonheur.

Tandis que Phocion parloit ainſi, Ariſtias, profondément occupé, tenoit les yeux baiſſés, & paroiſſoit accablé du poids de la vérité. La Nature, dit-il enfin en ſoupirant, s'eſt donc jouée des hommes avec autant de perfidie que de cruauté. Pourquoi cet aſſemblage monſtrueux & bizarre de qualités oppoſées ? Pourquoi nous avoir entourés de piéges ?

Pourquoi du moins n'avoir pas donné à notre raison les forces ou le charme que possédent nos passions?

Humiliez-vous avec moi, lui répondit Phocion, devant la sagesse suprême. Ne soyons point assez téméraires, tandis que nous nous sentons pressés de tout côté par d'étroites limites, pour vouloir comprendre, embrasser & mesurer un être infini. Qui sommes-nous pour exiger qu'il nous rende compte de ses desseins & de sa conduite? Ce que nous voyons de sa sagesse, doit nous jetter dans une admiration timide & respectueuse pour ce que nous ne voyons pas. S'il nous dévoiloit le systême général du monde, notre vûe seroit-elle assez ferme & assez étendue pour en saisir toutes les parties & tous les rapports? Non, mon cher Aristias, si l'Auteur de la nature vouloit nous révéler ses secrets, nous ne le comprendrions pas; il ne nous apprendroit que des mysteres auxquels ne pourroit atteindre notre raison faite pour des vérités d'un ordre inférieur.

Bornons là nos connoissances & nos recherches. Les vérités qu'il nous est important de connoître, la Providence nous les prodigue; elle les a mises, pour ainsi dire, sous notre main; mais le reste est caché sous un voile impénétrable. De quoi nous plaindrions-nous? N'est-il pas assez prouvé que nos passions ne donnent point le bonheur qu'elles promettent? Notre raison manque-t-elle de nous en avertir? A ces Cirenes, dont la voix mélodieuse ne nous appelle que pour nous dévorer, que n'opposons-nous donc la prudence d'Ulysse? La politique attendra-t-elle de nouvelles révolutions dans les Etats, de nouvelles disgraces, de nouvelles décadences pour se convaincre que le bonheur des sociétés veut un autre fondement que des passions injustes, aveugles, légeres, inconstantes & capricieuses? Faites-vous, mon cher Aristias, un tableau du spectacle que présenteroit la terre, si tous ses habitans, semblables à ce divin Socrate, dont Platon & Xenocrate m'ont cent fois tracé le portrait, réunissoient en eux toutes les vertus. S'il est vrai que dans ce nouvel âge d'or, où les passions seroient réprimées & dirigées par la raison, la félicité habiteroit parmi les hommes ; n'est-il pas certain que la politique doit nous faire aimer la vertu, & que c'est-là le seul objet que doivent se proposer les Législateurs, les Loix & les Magistrats ?

Les Sophistes pourront déclamer contre les droits de la raison en faveur des passions, quand ils pourront nous faire appercevoir les grands avantages qu'une République retire de l'avarice, de la prodigalité, de la paresse, de l'intempérance, de l'injustice de ses Citoyens & de ses Magistrats. Pour les confondre, mon cher Aristias, invitez-les à remonter dans les siécles les plus reculés, &, pour ainsi dire, à la naissance du genre humain. Faites-leur remarquer que la Grece fut arrosée de sang & de larmes, tant que nos Peres, plus semblables à des bêtes farouches qu'à des hommes, vécurent sous l'empire des passions. Invitez ces grands Philosophes, si ennemis de la raison, à nous apprendre pourquoi nous ne commençâmes à être moins malheureux, que quand des Loix & des Magistrats, par une suite des premieres conventions, se servant tour à tour des châtimens & des récompenses, commencerent à réprimer quelques passions, & à mettre en honneur quelques vertus. Suivez les fastes de la Grece, & vous verrez toujours les peuples plus ou moins heureux, suivant que la politique plus ou moins habile a rendu les mœurs plus ou moins honnêtes.

Cent de nos Villes ont été déchirées par des divisions intestines; recherchez-en les causes, & vous verrez constamment que quelque passion, enhardie par l'espérance du succès ou l'impunité, a rompu le frein trop foible qui la retenoit. Vous compterez toujours nos calamités par le nombre de nos vices. Nous sçavons les maux qu'ont produits les passions d'un Périclès, d'un Cléon, d'un Alcibiade; je puis vous les citer. Mais vous, citez-moi ceux qu'ont faits les vertus de Miltiade, d'Aristide & de Cimon. Mille Tyrans ont autrefois usurpé la souveraineté dans leurs Républiques; en auroient-ils osé former le projet, si leurs Concitoyens, déja esclaves de leurs passions, n'avoient été préparés à sacrifier leur patrie & leur liberté à leur vengeance & à leur avarice ?

Mais nous, Ariſtias, mais nous, pourquoi ſommes nous aujourd'hui ſi différens de nos Peres ? Pourquoi tombons-nous dans le mépris ? Pourquoi ne ſommes-nous plus heureux ? N'en accuſez pas, avec les Sophiſtes, une fortune aveugle qui n'exiſte point ; ne vous en prenez qu'au changement qui s'eſt fait dans nos mœurs. La ſoif de l'argent qui nous dévore, a étouffé l'amour de la patrie. Le luxe du Citoyen refuſe tout aux devoirs de l humanité. Les plaiſirs, l'oiſiveté, la molleſſe, mille autres vices ont avili nos ames. Quel Traſybule nous délivrera de ces Tyrans plus implacables que (7) Critias ? Rendez-nous les vertus de ces Athéniens qui ont vaincu Xercès ; rendez à tous les Grecs leur premiere tempérance & leur juſtice, & vous nous rendrez en même-temps notre ancienne union, & les forces qui ont conſervé notre liberté. Dès que les Grecs ſeront vertueux, ils regarderont encore la Grece entiere comme leur Patrie commune. Philippe qui nous brave, & médite notre asservissement en armant nos vices contre nous-mêmes, trembleroit au nom de la Grece, ou plutôt nous regarderoit encore comme les protecteurs de son Royaume.

Tel est l'ordre établi dans les choses humaines, mon cher Aristias, que la prospérité des Etats, est la récompense certaine & constante de leurs vertus; & l'adversité, le châtiment infaillible de leurs vices. L'histoire des siécles passés instruit le nôtre de cette vérité, & nous servirons à notre tour de l çon à nos neveux. Examinez ces rév ions qui ont détruit tant d'Empires; ce sont autant de voix par lesquelles la Providence crie aux hommes: *Défiez-vous de vos passions, elles ne vous flattent que pour vous tromper, elles vous promettent le bonheur. Mais si vous prêtez l'oreille à leurs mensonges, elles deviendront vos bourreaux, elles vous conduiront à la servitude; un Tyran domestique, ou un Vainqueur étranger, servira d'instrument à votre punition.*

Allez, mon cher Aristias, lui dit Phocion en l'embrassant, méditez les grandes vérités que je viens de vous expoſer, & dites-vous à vous-même tout ce que je pourrois ajoûter aux premieres réflexions qui ſe ſont préſentées à mon eſprit. Puiſqu'en nous donnant un déſir inſatiable de bonheur, la Nature nous a tracé une route pour y arriver, ne dites plus, avec les Sophiſtes, qu'elle eſt notre marâtre, & que nous ſommes condamnés à ſubir le ſort de Tantale. Impoſez ſilence à vos paſſions pour interroger votre raiſon, & elle vous apprendra tous les devoirs de l'homme. Vous connoîtrez notre deſtination, & vous verrez que la politique ne nous égare, que quand elle ſe proſtitue au ſervice des paſſions. Vous êtes meilleur, Ariſtias, que vous ne croyez; il n'eſt pas poſſible que vous ſoyez long-temps dans l'erreur. Les opinions de nos Sophiſtes ont pû, par je ne ſçais quel air de nouveauté ou d'audace, ſurprendre votre imagination; mais vous touchez à cet âge où l'on a déja aſſez d'expérience pour commencer à ſe défier de ſes paſſions, & on apprend bientôt à les vaincre, ou du moins à les combattre, quand on n'a pas le cœur corrompu.

Vous voyez, me dit Phocion, après qu'Aristias fut sorti, de quelle doctrine on empoisonne l'esprit de nos jeunes gens. A peine ont-ils découvert que tout n'est pas vrai, qu'ils croyent ridiculement que tout est faux. Enyvrés d'orgueil, ils sont main-basse sur tout ce qui se présente. Dans leurs accès de philosophie, ces petits héros mesurent la grandeur de leurs prétendus triomphes à l'importance des vérités qu'ils osent attaquer. Assez sots pour fermer les yeux à l'évidence, & douter imperturbablement de tout, ils croyent avoir tout détruit, ou persuader aux ignorans qu'ils ont tout examiné. Quand on cherche à étouffer la voix & l'autorité de la raison, quand on veut la rendre l'esclave des passions, quelle sûreté, quel lien peut-il y avoir entre les hommes ? Que voulez-vous que la République espere des Citoyens & des Magistrats ? Elle touche au moment de sa ruine. Aristias changera, ajoûta Phocion, je vous le prédis. C'est un bon augure que ce silence modeste qu'il a gardé, pendant que je l'avertissois de ses erreurs; il n'a pas de vice qui les lui rende cheres. Il me semble que son cœur s'est ouvert à mes instructions. Plus étourdi, plus vain, plus présomptueux que méchant, il se rendra aux lumieres de la raison; & plût aux Dieux que tous nos Athéniens lui ressemblassent !

SECOND ENTRETIEN.

Qu'il n'y a point de vertu, quelque obſcure qu'elle ſoit, qui ne contribue au bonheur des hommes. L'objet principal de la politique eſt de régler les mœurs. Sans elles il n'eſt point de bon gouvernement; elles en réparent les vices. Objections d'Ariſtias; Réponſes de Phocion.

PHOCION ne s'eſt point trompé, mon cher Cléophane. Ses paroles, comme un trait de flamme, avoient porté la lumiere dans l'eſprit d'Ariſtias. Ce jeune homme vint hier chez moi, il étoit embaraſſé en m'abordant; il n'oſoit preſque pas me regarder. Que Phocion eſt ſage! me dit-il en rompant le ſilence; je m'égarois, & ſes diſcours ont fait revivre dans mon cœur un goût pour la vertu, que je travaillois malheureuſement à détruire. Qu'il m'a paru éclairé! quoiqu'il humiliât mon amour propre. Que je crains de lui paroître auſſi mépriſable que je me le parois à moi-même! Depuis que je l'ai vû, je n'ai été occupé qu'à méditer sa doctrine. Je m'étonne à la fois de ma témérité de vouloir tout sçavoir, & de la foiblesse avec laquelle j'ai été la dupe de quelques sophismes. En commençant à me connoître, je commence à goûter une sorte de tranquillité qui, je crois, n'accompagne jamais l'erreur. Je brûle d'impatience de revoir Phocion, & je crains de me présenter devant lui; je crains qu'il ne me trouve pas encore digne de l'écouter.

Aristias, lui répondis-je, les Sophistes s'irritent, quand on ose attaquer leurs opinions; c'est que l'avarice les fait parler. Ils craignent que leurs leçons, dont ils font un trafic mercénaire, ne soient décriées. Mais un Philosophe n'a d'autre intérêt que celui de la vérité, & il sçait trop combien elle nous est étrangere, pour n'être pas indulgent. Phocion, je vous en réponds, pardonnera à votre âge de vous être laissé tromper par les Sophistes, & par les passions bien plus habiles qu'eux. Il vous sçaura gré de votre repentir, & peut-être même de vos erreurs, puisque vous les abjurez; car il eſt toujours beau de ſe corriger. Venez, Ariſtias, venez apprendre avec moi de nouvelles vérités, & veuillent les Dieux les rendre utiles à la République!

Jouiſſez de votre victoire, dis-je à Phocion, en l'abordant, voici Ariſtias; vous l'avez rendu à la raiſon, dans un âge où l'on ſe fait un mérite de ne la pas conſulter. La préſence d'un homme vertueux a-t-elle donc, mon cher Cléophane, le même pouvoir que les Autels des Dieux, qui raſſurent les Supplians qui en approchent? Ariſtias n'eut plus aucun embarras. Il aſſura Phocion qu'il rendoit à la raiſon toute ſa dignité & tous ſes droits. C'eſt une étrange folie, dit-il, d'oſer uſurper le nom de Philoſophe, en même-temps qu'on ſe ravale à la condition des animaux, & de prétendre raiſonner en ſoutenant qu'il n'y a point de raiſon. J'ai quelque peine à comprendre par quels écarts j'étois venu à croire qu'il eſt ſage d'obéir à des paſſions, dont une expérience journaliere nous fait connoître l'emportement, les caprices & l'injuſtice. Le bonheur eſt ſans doute compagnon de l'ordre & de la paix ; & les paſſions, mêmes ennemies les unes des autres, ſont dans un état perpétuel de guerre. Quels biens puis-je en attendre ? Quels maux au contraire ne dois-je pas en craindre, ſi ma raiſon ne ſe rend leur médiatrice, leur arbitre & leur juge ? Je me ſuis rappellé ces courts momens de ma vie où je n'ai obéi qu'à ma raiſon, & j'ai goûté une ſorte de volupté ſupérieure à celle que donnent les ſens. J'ai comparé ces inſtans à ces jours d'erreurs où mes paſſions me gouvernent ; ma mémoire ne m'a repréſenté que des plaiſirs accompagnés de trouble, d'inquiétude & de repentir ; mon cœur ne s'eſt point ouvert à ce ſouvenir.

J'ai jetté les yeux ſur un plus grand théâtre, & j'ai vû les paſſions, comme autant de furies, porter la déſolation dans toute la terre, changer les Magiſtrats en ennemis de la ſociété, fouler aux pieds les loix les plus ſaintes de l'humanité, & détruire dans un inſtant les Empires les plus formidables. J'ai interrogé ma raiſon, j'entrevois la vérité, je crois être ſur le chemin qui y conduit ; mais mes égaremens passés m'ont appris à me défier de moi. Je n'ose, Phocion, marcher sans votre secours ; je n'ose entrer seul dans le sanctuaire de cette politique sublime, qui n'a d'autre instrument, ni d'autre appui que la vertu ; je craindrois de le profaner. Soyez mon guide, & me donnez un esprit tout nouveau.

Aristias, mon cher Aristias, lui répondit Phocion après l'avoir tendrement embrassé, vos progrès sont plus rapides que je n'aurois osé l'espérer. Vous avez eu le courage d'arracher aux passions le masque dont elles se couvrent, & qui nous trompe ; il n'est plus de vérité dont la découverte vous soit interdite. Vous êtes persuadé que la raison est l'organe par lequel l'Auteur de la nature nous fait connoître ses volontés ; vous êtes persuadé qu'elle seule peut nous conduire au bonheur. Pensez donc, mon cher Aristias, que la Politique doit être le ministre & le coopérateur de la Providence parmi les hommes, & que rien n'est plus méprisable que cet art illusoire qui en emprunte le nom, qui n'a de régle que les préjugés publics & les passions de la multitude, qui n'employe que la ruse, l'injustice & la force, & qui se flattant de réussir par des voies contraires à l'ordre éternel des choses, voit s'évanouir entre ses mains le bonheur qu'elle croyoit posséder.

L'esclave qui cultive vos champs, est plus sage que nos Législateurs. Pour recueillir d'abondantes moissons, il a étudié la culture qu'exige la terre ; il a observé quelles saisons elle a destinées à la production de chaque fruit, & il ne tente jamais d'en changer l'ordre. Que la Politique, après avoir pénétré dans les secrets de la nature sur la destination de la société & les causes de son bonheur, suive constamment cet exemple. Dès qu'elle sera assez prudente pour ne se pas croire plus habile que la nature, elle fera sa principale étude de la Morale, qui enseigne à distinguer les vertus véritables de celles qui n'en ont que le nom, & que les préjugés, l'ignorance & la mode ont imaginées. Que son premier soin soit d'épurer sans cesse la Morale. En donnant une attention particuliere aux vertus qui sont les plus nécessaires à la société, son principal objet doit être de prendre les mesures les plus efficaces pour empêcher que les passions ne sortent victorieuses du combat éternel que notre raison est condamnée à soutenir contr'elles. Son but, en un mot, est de tenir les passions courbées sous le joug, & en affermissant l'empire de la raison, de donner, pour ainsi dire, des ailes aux vertus.

Entrons dans le détail des vertus que la Politique doit cultiver; mais répondez-moi d'abord, Aristias. Quand vous achetez un esclave, vous importe-t-il peu qu'il soit gourmand, paresseux, fripon, menteur, ou qu'il ait les qualités opposées à ces vices? Ne vous est-il pas avantageux que votre voisin soit juste, humain & bienfaisant? Vous est-il égal que votre ami soit emporté dans ses goûts, débauché, injuste, crapuleux, ou qu'il soit attentif à remplir tous les devoirs d'un honnête homme? Quand un mariage, que je vous souhaite heureux, vous aura élevé à la dignité de pere de famille, vous sera-t-il indifférent que vos enfans contractent l'habitude du vice ou de la vertu, & que votre femme ait les mœurs d'une Courtisane, ou soit chaste, modeste, retirée & économe?

Je n'attends pas votre réponse, poursuivit Phocion, je la sçais. Mais puisqu'une femme, des enfans, des amis, des voisins vertueux, & des esclaves fidéles à leurs devoirs, sont si propres à nous rendre heureux dans le sein de nos familles où nous passons la plus grande partie de notre vie, pourquoi la Politique négligeroit-elle cette branche importante de notre bonheur? Je n ignore pas que, sous prétexte de je ne sçais quelle élévation d'esprit, nos Athéniens, que je ne comprends pas, plaisantent aujourd'hui avec dédain des vertus domestiques. On diroit que ce n'est pas la peine d'être honnête homme, à moins que d'être un héros. Mais c'est parce que la corruption, qui régne dans le sein de nos maisons, nous rend incapables de pratiquer les vertus domestiques, que nous avons pris le parti de les mépriser. La modestie dans les mœurs nous paroît bassesse ou rusticité. Nous voulons que nos maiſons ſoient une eſpéce d'aſyle, où la loi n'oſe point entrer pour nous inſtruire de nos devoirs; & cependant c'eſt dans le ſein des familles que des peres tendres & prudens ont donné le premier modéle des loix & de la ſociété. Nous diſons que c'eſt dégrader les Magiſtrats, que de les occuper de nos ſoins domeſtiques; mais en effet nous ne voulons qu'avoir impunément de mauvaiſes mœurs. Dégoûtés de la ſimplicité de nos Peres, nous voulons du faſte & de l'élégance juſques dans les vertus. Que c'eſt bien mal connoître leur nature, & le lien qui les unit les unes aux autres!

Je ne crois pas aiſément aux qualités ſublimes de ces Héros à qui il faut un grand théâtre, & des foules de ſpectateurs. Ce n'eſt que par l'exercice des vertus domeſtiques qu'un peuple ſe prépare à la pratique des vertus publiques. Qui ne ſçait être ni mari, ni pere, ni voiſin, ni ami, ne ſçaura pas être Citoyen. Les mœurs domeſtiques décident à la fin des mœurs publiques. Penſerez-vous, Ariſtias, que des hommes accoutumés à obéir à leurs passions dans le sein de leur famille, & sans vertu les uns à l'égard des autres dans le cours ordinaire de la vie, prendront subitement un nouveau génie & de nouvelles habitudes, en entrant dans la Place publique & dans le Sénat ; ou que leurs passions & leurs vices n'oseront les inspirer, quand il s'agira de délibérer sur les intérêts de la République, & de décider de son sort? Lycurgue, moins présomptueux que nos Sophistes & nos Orateurs, ne l'espéroit pas ; aussi eut-il une attention particuliere à former les mœurs domestiques des Spartiates. Il porta plus de loix pour faire d'honnêtes gens, que pour régler la forme du Sénat, & la police des assemblées de la Place pub..que. Il sçavoit que des hommes vertueux vont, comme par instinct, au-devant de leurs devoirs, & qu'ils auront toujours de bons Magistrats.

Par quel prodige en effet une République verroit-elle une suite d'hommes de bien à la tête de ses affaires, si elle ne commençoit pas par avoir pour Citoyens des hommes accoutumés à pratiquer les devoirs de la vie privée? Il faut qu'un peuple sache estimer la vertu, pour donner à ses Magistrats le courage & la constance nécessaires dans l'exercice de leurs fonctions. Il doit aimer la justice pour désirer un Magistrat toujours juste, toujours ferme, toujours aussi inflexible que la loi. Des Citoyens corrompus le redouteroient, sa probité leur seroit à charge. Ils lui préféréront un Cléon qui flatte leurs vices, dont le cœur est ouvert à l'intérêt, & dont la main nonchalante & foible laisse pencher inégalement la balance de la justice.

Jugez, mon cher Aristias, de la doctrine que je vous expose, par ce qui s'est passé de nos jours dans notre République. A peine Periclès (1) eut-il corrompu nos mœurs, en prétendant les polir; à peine commençâmes-nous à nous piquer de recherche dans les arts inutiles, de somptuosité dans nos spectacles, de magnificence dans nos meubles, de délicatesse sur nos tables; à peine les Courtisanes autrefois méprisées, à présent les arbitres du goût, des vertus & des agrémens, eurent-elles ouvert à nos jeunes gens une école de galanterie & d'oisiveté ; à peine, en un mot, avons-nous estimé la volupté, l'élégance, les richesses, & respecté les grandes fortunes, que nous en avons été punis, en voyant les graces, le faste, le luxe & les richesses tenir lieu de talens, & devenir autant de titres pour s'élever aux Magistratures. Quelle République auroit pu résister aux hommes méprisables qui ont succédé à Periclès ? Des voluptueux, des étourdis, des avares, &c. n'ont vû, dans l'administration dont ils étoient chargés, que le pouvoir de satisfaire plus aisément leurs passions. Ne craignant ni les regards, ni le jugement d'une multitude aussi vicieuse qu'eux, devoient-ils se gêner pour faire le bien ? Ils ne s'étudiérent, dans les conjonctures difficiles, qu'à éblouir & duper les Spectateurs. Ne gouvernant que par des cabales & des intrigues, ils ne chercherent qu'à rendre les loix souples & dociles à leurs desirs. Ils eurent tout au plus l'adresse ou la complaisance, pour ménager un reste de Citoyens vertueux, de faire une ou deux actions honnêtes avec éclat &

appareil, afin de pouvoir être impunément injuſtes à l'abri d'une bonne réputation uſurpée.

Concluez, Ariſtias, qu'il n'y a point de petite vertu aux yeux de la Politique, & qu'elle ne peut, ſans péril, en négliger aucune. Ajoûtons même que les loix les plus eſſentielles au bonheur & à la ſûreté des Etats, ce ſont celles qui regardent le détail des mœurs. Je vous l'avouerai, je ne comprends point ce que nos Sophiſtes penſent ou imaginent en parlant de bon & de mauvais Gouvernement, ſi par ces mots ils ne veulent faire entendre des formes de police, qui étant plus ou moins propres à réprimer les paſſions des Magiſtrats & des Citoyens, rendent l'empire des loix plus ou moins ſolide.

J'ai ſouvent entendu raiſonner Platon ſur cette matiere. Il blamoit la (2) Monarchie, la pure Ariſtocratie & le Gouvernement populaire. Jamais, diſoit-il, les loix ne ſont en ſûreté ſous ces adminiſtrations, qui laiſſent une carriere trop libre aux paſſions. Il craignoit le pouvoir d'un Prince, qui, ſeul légiſlateur, juge ſeul

ſeul de la juſtice de ſes loix. Il étoit effrayé dans l'Ariſtocratie, de l'orgueil & de l'avarice des Grands, qui croyant que tout leur eſt dû, ſacrifieront ſans ſcrupule les intérêts de la ſociété à leurs avantages particuliers. Il redoutoit dans la pure Démocratie, les caprices d'une multitude toujours aveugle, toujours extrême dans ſes deſirs, & qui condamnera demain avec emportement ce qu'elle approuve aujourd'hui avec enthouſiaſme.

Ce grand homme, pourſuivit Phocion, vouloit que, par un mêlange habile de tous ces Gouvernemens, la puiſſance publique fût partagée en différentes parties propres à s'impoſer, ſe balancer, & ſe tempérer réciproquement. Mais il ne s'en tenoit pas là, mon cher Ariſtias, le Diſciple de Socrate connoiſſoit trop bien les hommes, pour penſer que le Gouvernement, dont toutes les parties ſeroient combinées avec le plus de ſageſſe, pût ſe ſoutenir ſans le ſecours des mœurs domeſtiques. Liſez ſa *République;* voyez avec quelle vigilance il cherche à ſe rendre le maître des paſſions, & la régle auſtere à laquelle il ſoumet la vertu. Peut-être a-t-il passé les bornes de la prudence ; mais cet excès même de précaution prouve combien il croyoit les mœurs nécessaires à la conservation de son Gouvernement.

En effet, à quoi serviroit de donner la constitution la plus sage à des hommes corrompus, dont on ne corrigeroit pas d'abord les vices ? Lacédémone, en sortant des mains de Lycurgue, eut un gouvernement tel que le desire Platon. Les deux Rois, le Sénat & le Peuple, revêtus d'une autorité différente, formoient une constitution mixte, dont toutes les branches se tenoient mutuellement en respect, par l'espéce de censure qu'elles exerçoient les unes sur les autres. Quelque admirables que soient les proportions de ce Gouvernement, il n'écarta cependant de Sparte les cabales, les partis, les troubles, les désordres qui ont perdu les autres Républiques de la Grece, qu'autant qu'il fut attentif à maintenir en vigueur les loix que Lycurgue avoit faites pour les mœurs.

Dès que Lysander, en portant dans sa Patrie les tributs & les dépouilles des vaincus, y eut développé le germe de cupidité jusqu'alors étouffé, l'avarice se glissa sourdement avec les richesses dans les maisons des Spartiates. La simplicité de leurs Peres, d'abord moins agréable, leur parut bientôt trop grossiere. Un vice n'est jamais seul dans une République; il en produit cent autres. Peu à peu les vertus & les talens perdirent autant de leur crédit, que les richesses en acquirent. A mesure que les Spartiates apprenoient à jouir de leur fortune, ils se persuaderent que les richesses pourroient tenir lieu de mérite, & dès-lors elles commencerent à donner quelque considération à leurs possesseurs. La pauvreté fut enfin méprisée; & dès qu'il fut nécessaire d'acquérir des richesses, les Spartiates, occupés de leurs affaires domestiques, ne donnerent plus toute leur attention aux intérêts de la République. Les passions, alors enhardies, relâcherent les ressorts du Gouvernement, & il lui fut impossible de les réprimer, parce qu'il avoit eu l'imprudence de les laisser naître.

Les riches, tourmentés par la crainte qu'on ne les dépouillât de leurs richesses, se révoltèrent contre le partage de l'autorité établi par Lycurgue, & voulurent être tout-puissans, pour être en état de défendre leur fortune. Le peuple de son côté, tantôt rampant & tantôt insolent, n'eut plus que des Ephores dignes de lui. En vain tenteroit-on aujourd'hui d'arrêter les désordres de Lacédémone, en rappellant les loix qui fixoient les bornes de la puissance des Rois, des Sénateurs & du Peuple. A quoi serviroient des loix méprisées par les mœurs publiques, & auxquelles l'ambition & l'avarice ne peuvent plus obéir ? Le vice les a énervées, la pratique de la vertu peut seule leur rendre leur force. Si on ne se hâte, mon cher Aristias, de réparer & d'étayer par la tempérance & la frugalité les restes d'un Gouvernement ébranlé par la licence des passions, soyez sûr que ces Rois, ces Sénateurs, ces Ephores autrefois si généreux, si sages & si magnanimes dans l'exercice de leur autorité, se lasseront bientôt de cette sorte de modération qu'ils affectent encore malgré eux, & cesseront d'être des Magistrats, pour devenir les oppresseurs (3) d'une République qui se déchirera par ses querelles domestiques, jusqu'à ce qu'elle devienne la proie d'un ennemi étranger.

Voulez-vous, mon cher Aristias, poursuivit Phocion, un second exemple de la puissance des mœurs? Transportez-vous en Egypte, & vous verrez que si leur décadence a rendu inutile dans Lacédémone le sage gouvernement de Lycurgue, leur sainte austérité a autrefois purifié jusqu'au despotisme même.

Les Rois d'Egypte n'avoient que les Dieux au dessus d'eux, & ils partageoient en quelque sorte avec eux l'hommage de leurs sujets. Leurs ordres étoient autant de loix sacrées & inviolables, & tout devoit se prosterner en silence devant leur trône. Quelque terrible que dût être ce pouvoir sans bornes entre les mains d'un homme, les Egyptiens n'en éprouverent aucun effet funeste, parce qu'ils avoient des mœurs, & en donnerent à leur Maître. Il n'étoit point permis à ces Monarques tout-puissans d'être avares, oisifs, prodigues ou voluptueux. Tous les momens de leur journée étoient remplis par quelque devoir. A peine avoient-ils ſacrifié aux Dieux, & médité dans le Temple ſur quelque vérité des Livres ſacrés, qu'ils étoient arrachés à eux-mêmes. Il falloit écouter les plaintes des malheureux, juger les procès de leurs ſujets, tenir des conſeils, & expédier des ordres dans les Provinces pour y prévenir quelque abus, ou y former quelque établiſſement avantageux. Juſqu'aux délaſſemens & aux beſoins de l'humanité, tout étoit preſcrit par les Loix. Le bain, la promenade, les repas, avoient des heures marquées. La table étoit un autel élevé à la frugalité ; on y meſuroit le vin, jamais on n'y ſervoit que deux mêts, & toujours les mêmes. Dans le Palais aucun faſte n'inſultoit à la condition des ſujets, & n'inſpiroit de l'orgueil au maître. L'amour enfin, cette paſſion, Ariſtias, trop ſouvent ſi impérieuſe, ſi puérile, ſi emportée, ſi molle, n'étoit qu'un ſimple délaſſement après le travail ; c'étoit la loi qui fermoit & ouvroit l'appartement de la Reine au Prince.

C'eſt ainſi que les Egyptiens firent leur bonheur. Leur pays ne renfermoit, pour ainſi dire, qu'une nombreuſe famille, dont le Monarque étoit le pere. Le Prince, toujours Roi, n'avoit pas le temps d'être homme. L'ordre conſtant & périodique de ſes occupations accoutumoit ſon eſprit à la régle, & tenoit lieu de tout l'art que nous employons ſouvent inutilement, pour empêcher que nos Magiſtrats n'abuſent de l'autorité qui leur eſt confiée. Les paſſions étoient étouffées dans le cœur du maître; & ne pouvant deſirer & vouloir que le bien, il importoit peu aux Egyptiens d'avoir cette liberté dont nous ſommes ſi jaloux. Les loix toujours juſtes & impartiales, quoique faites par un ſeul homme, étoient également aimées & reſpectées par tous les ordres de l'Etat. C'eſt ainſi que malgré le Deſpotiſme, les bonnes mœurs rendirent l'Egypte heureuſe, & nos anciens Philoſophes l'ont regardée comme le berceau de la ſageſſe.

Je dévore vos diſcours, s'écria Ariſtias, je me ſens entraîné par la force de vos raiſons. Sans doute c'eſt profaner la Politique qui doit rendre les ſociétés heureuſes & floriſſantes, que d'en donner le nom à ce petit manége toujours incertain de ruse, d'intrigue & de fourberie, que je regardois comme un grand art, & qui n'a été en effet imaginé que par des ignorans incapables de s'élever à de plus hautes idées, ou par de mauvais Citoyens qui ne regardoient, dans l'administration de la République, que le malheureux avantage de satisfaire eux-mêmes leur ambition & leur avarice. Sans doute que les mœurs doivent servir de base à la loi, & que sans leur secours le Législateur n'élevera jamais qu'un édifice chancelant, & prêt à s'écrouler.

Mais, vous l'avouerai-je, Phocion ? continua Aristias en baissant la vûe & d'un ton affligé ; dans le moment même que je céde à l'évidence de vos raisonnemens, mes anciens préjugés semblent se révolter contre ma raison. L'Egypte, autrefois vertueuse, a été heureuse, & Lacédémone n'a perdu sa prospérité, qu'en perdant ses mœurs. Sans doute il est digne de la sagesse de l'Auteur de la nature, que le bonheur soit le prix de la vertu, & l'adversité la compagne du vice. Tel est l'ordre le plus ordinaire ; mais n'est-il point d'exception à ces loix générales? Celui qui les a portées, pour des raisons qu'il seroit téméraire de vouloir pénétrer, n'y déroge-t-il jamais? N'a-t-on pas vû quelquefois des Empires élever leur fortune sur l'injustice, & fleurir par des moyens que la Morale réprouve? Quelle vertu ont les Perses qui dominent sur l'Asie entiere? Il me semble que Philppe, à qui tout réussit, n'a gucre plus de vertu que nous qui tombons en décadence; il me semble que tous les jours des intriguans, à force de lâchetés & scélératesses, enlevent à des hommes de bien la récompense qui n'est dûe qu'à la probité. Pourquoi par les mêmes voies, des Etats ne pourroient-ils donc pas obtenir les mêmes succès? Nous avons vû des Tyrans usurper dans leur Ville la souveraineté, jouir de leur vol, & mourir tranquillement dans leur lit. Socrate au contraire n'a possédé aucune de nos Magistratures, & il a trouvé des Juges qui l'ont condamné à boire la cigue. Ah, Phocion, Phocion, quel spectacle scandaleux ne nous présente pas quelquefois l'histoire du bonheur & du malheur des hommes ?

Prenez y garde, mon cher Aristias ; lui répondit Phocion, ce n'est pas votre raison, ce sont vos passions qui viennent de parler. C'est parce que vous confondez encore les dignités, les richesses, l'éclat, le pouvoir avec le bonheur, que vous voudriez qu'ils fussent la récompense de la vertu ; mais ils ne peuvent tout au plus procurer qu'un plaisir passager, tel que le donnent les caresses trompeuses d'une Courtisane, & des plaisirs passagers ne sont pas le bonheur.

Vous voyez tous les jours des hommes méprisables qui parviennent aux premieres Magistratures ; mais soyez sûr qu'elles ne sont un bien que pour l'homme vertueux qui se dévoue à sa patrie, qui est assez habile pour la rendre heureuse, ou qui du moins a tout tenté pour y réussir. Le bonheur dans chaque individu, c'est la paix de l'ame, & cette paix naît du témoignage qu'il se rend de se conduire par les régles de la justice. Ces Tyrans, ces ambitieux dont la multitude admire la prospérité, gémissent en secret sous le poids de l'administration à laquelle ils ont la lâcheté insensée de ne pouvoir renoncer. Que ne pouvez-vous lire dans leur cœur déchiré par la crainte, l'envie, la haine, l'avarice & les remords? Mon cher Aristias, que cette apparence de prospérité, qui n'environne que trop souvent le vice, ne vous scandalise pas. L'élévation des méchans, faisant à la fois leur châtiment, & celui des peuples qu'ils gouvernent & qui les élevent, est au contraire une nouvelle preuve que le bonheur n'est attaché qu'à la vertu.

Vous me citez Socrate; mais ce verre de cigue, qui deshonorera éternellement vos Peres, ne troubla point son repos. Les scélérats qui vouloient le perdre, étoient incertains du succès de leurs calomnies, & il étoit sûr de son innocence. Puisqu'il ne fit aucune plainte, aucune sollicitation, & qu'il refusa de se soustraire par la fuite à la haine de ses ennemis, comment pourroit-on le soupçonner d'avoir été inquiet sur le jugement qu'il attendoit? Pendant les trente (4) jours qui s'écoulerent depuis qu'on lui prononça sa sentence, jusqu'au moment de l'exécution, il continua à instruire ses disciples. Il leur parla de l'immortalité de l'ame, & du bonheur attaché à la vertu. Les yeux les plus perçans ne virent point qu'il fît quelqu'effort pour être ou paroître tranquille, & qu'il soupçonnât que sa prison & sa mort fussent une objection contre sa Doctrine. Il regarda la mort, comme nous voyons le coucher du soleil & l'approche du sommeil ; il remercia les Dieux de lui donner une fin qui lui épargnoit les infirmités de la vieillesse & les angoisses douloureuses de l'agonie. C'est Athenes seule qui étoit malheureuse ; & quelle longue suite de calamités ne pouvoit-on pas prédire à une ville assez aveugle & assez corrompue pour punir la vertu de Socrate du dernier supplice ?

A l'égard de la prospérité des Etats, je conviens, poursuivit Phocion, qu'il s'est formé de grands Empires par des moyens que la morale désavoue : mais répondez-moi, ces Etats quoiqu'injustes, ambitieux & sans foi, n'étoient-ils pas moins abandonnés aux voluptés, à la paresse & à l'amour des richesses que les peuples qu'ils ont ſoumis ? N'étoient-ils pas plus exercés au courage & à la diſcipline ? N'avoient-ils pas moins d'indifférence pour leur Patrie, & plus d'amour pour la gloire ? Ce n'eſt point parce que Philippe a peu de vertu que nous le craignons, c'eſt parce que nous en avons encore moins que lui, & qu'il ſe ſert de nos vices pour nous accabler. L'ambition, l'injuſtice, la ruſe, la violence peuvent ſans doute former de grands empires ; mais c'eſt parce qu'à ces vices on n'oppoſe que d'autres vices : d'ailleurs, quel eſt l'avantage de cette grandeur uſurpée ? Peut-elle faire la proſpérité d'un Etat, puiſqu'il eſt impoſſible de l'aſſeoir ſur un fondement ſolide ?

La Politique, dupe d'un bonheur paſſager & toujours ſuivi des revers les plus funeſtes, doit-elle donc ſacrifier l'avenir au moment préſent ? ô mon cher Ariſtias, ſi vous aimez votre Patrie, que les Dieux vous préſervent de lui ſouhaiter des ſuccès qui prépareroient ſa décadence & ſa ruine. C'eſt pour avoir voulu uſurper l'Empire de la Grèce, que nous & les Spartiates ſommes aujourd'hui à la veille de perdre notre liberté. La modération de nos villes les avoit mises en état de repousser Xercès ; leur ambition va les soumettre à Philippe. De grandes provinces & de grandes richesses , quoi qu'en disent nos Orateurs , ne contribuent ni au bonheur domestique des Citoyens , ni à la sûreté de la République à l'égard des Etrangers. Que sert aux Perses d'avoir conquis l'Asie entiere ? En sont-ils plus libres ? Le Sujet jouit-il avec plus de confiance de sa fortune, depuis que le Prince a monstrueusement augmenté la sienne ? Qu'un grand Empire est foible ; puisqu'Agesilas , avec une poignée de Soldats, a porté la terreur jusques dans Babylone. Une autre fois je vous développerai les preuves de cette vérité ; mais dans ce moment contentez-vous de remarquer , Aristias , que si l'Etre , protecteur de la vertu , se sert quelquefois des vices d'un peuple pour en détruire un plus vicieux , il ne manque jamais de briser l'instrument de sa vengeance après s'en être servi. Ce n'est point par des miracles qu'il agit, mais par une suite naturelle de l'ordre qu'il a établi dans le gouvernement du monde.

Je ne hasarde point ici une conjecture vaine & téméraire. Examinez avec moi le choc, la marche, le concours des passions, le mouvement réciproque qu'elles se communiquent, & vous en verrez résulter cet ordre favorable à la morale. La trahison, la fourberie, la ruse peuvent surprendre & tromper un Etat qui n'est pas précautionné contre leurs piéges, & obtenir d'abord quelque succès; mais leur succès même déchire le voile sous lequel elles se cachoient, & la mauvaise foi, en inspirant une défiance & une haine générales, se trouve enfin elle-même embarrassée dans les embuches qu'elle dressoit. Intimidée par la crainte qu'elle a fait naître, dupe de ses propres finesses, jamais elle ne peut prévoir tous les dangers dont elle est menacée; sans cesse elle se précautionne contre des accidens chimériques. Marchant ainsi sans regle, elle ne peut réussir que par hasard, & bientôt doit nécessairement échouer. Ces sophistes (5), qui tâchent de réduire en art la perfidie, & qui nous étalent avec complaiſance cent exemples d'injuſtices heureuſes, ſe gardent bien de nous en faire connoître les ſuites funeſtes. Toujours vagues dans leurs diſcours, ils n'analyſent jamais les cauſes des ſuccès de l'injuſtice & de la mauvaiſe foi; jamais ils n'établiront le point fixe, où triomphant de tous les obſtacles, elles ſont ſûres de réuſſir. La force de la vérité oblige au contraire les ſophiſtes à ſe réfuter eux-mêmes. Ils ne peuvent ſe déguiſer que les ſuccès paſſagers de l'injuſtice ne préparent qu'un avenir malheureux. Pourquoi nous conſeillent-ils d'éviter la haine & le mépris, comme les deux écueils les plus funeſtes de la Politique? N'eſt-ce pas convenir du danger des vices, reconnoître le prix de la vertu, & avouer que ſes opérations ſeules ſont ſûres?

Si un peuple, au lieu de la ruſe & de la fourberie, employe la force & la violence contre ſes voiſins, il eſt impoſſible qu'il ne ſoit pas lui-même agité par la crainte qu'il inſpire. En même temps qu'il augmente le nombre de ſes ennemis, il devient ſuſpect à ſes alliés.

En croyant se rendre puissant, il multiplie ses dangers & diminue ses forces. Plus heureux que plusieurs Nations dont nous connoissons l'histoire, & qui se sont affoiblies & enfin ruinées à force d'efforts pour augmenter leur fortune; je veux qu'il ne succombe pas sous le poids des difficultés qui l'entourent, & que la résistance de ses ennemis éguise au contraire son courage, ses forces & ses talens. Le moment fatal du succès arrive; il triomphe, mais le vainqueur périt au milieu de ses conquêtes.

Remarquez-le, mon cher Aristias, c'est l'ambition, c'est l'avarice déguisées sous le nom d'une fausse gloire, qui peuvent seules porter les hommes à être conquérans; & par quel prodige ces deux passions, qui n'ont pas craint de violer tous les droits humains & de verser des torrens de sang, useroient-elles avec prudence de la victoire, si capable d'enyvrer d'orgueil les hommes les plus modérés? Sesostris peu content de régner sur l'Egypte, fait violence à ces sages loix dont je vous parlois il n'y a qu'un moment; il médite la conquête de l'Aſie, & rien ne réſiſte d'abord à ces Egyptiens ſobres, laborieux, tempérans & courageux qu'il a armés pour ſervir ſon injuſte ambition. Mais ſes Soldats victorieux prennent bientôt les vices & les mœurs des peuples vaincus. Ces hommes, amollis par les voluptés & les richeſſes, rapportent dans leur Patrie les dépouilles de l'orient. Le peuple étonné d'un ſpectacle qui développe en lui le germe de l'ambition & de l'avarice, ſe croit parvenu au comble de la gloire & de la proſpérité ; cependant la vertu, ébranlée dans tous les cœurs, eſt prête à les abandonner ; & au milieu des chants d'allégreſſe & de triomphe, le châtiment de l'Egypte commence. Une négligence préſomptueuſe relâche les reſſorts du gouvernement ; tous les anciens établiſſemens ſont bientôt détruits par les paſſions. Les ſucceſſeurs de Seſoſtris, eſclaves d'une fortune qui les accabloit, devinrent des tyrans voluptueux, & d'autant plus terribles, qu'affoiblis par la ruine des loix, ils ne ſe croyoient plus en ſûreté. Ils craignirent des Sujets que la moleſſe, le faſte, la pauvreté & les richesses avoient rendus à la fois lâches & insolens; & leur Royaume, sans défense & troublé plutôt par des émeutes que par des révoltes, est destiné à devenir la proye du premier conquérant qui voudra s'en emparer.

L'Histoire nous offre mille exemples pareils. Les Medes, en asservissant les Assyriens, perdirent les mœurs & les loix qu'ils devoient à la sagesse de Déjocès; ils cesserent d'être heureux par une trop grande prospérité, & préparerent une conquête aisée aux Perses, qui à leur tour amollis & corrompus aussitôt que vainqueurs, fonderent un grand Empire dont tout annonçoit la décadence. Que de leçons pour la Politique, si elle veut connoître ses devoirs! Vous parlerai-je, mon cher Aristias, des malheurs domestiques de la Grece? Nos succès brillans pendant la guerre Médique, où nous ne faisions que nous défendre, ont été capables de nous faire abandonner les vertus de nos peres; quels ravages ne doivent donc pas faire chez un peuple les succès d'une guerre entreprise par ambition & par avarice? L'époque de l'ambition & de la foiblesse d'Athenes est la même. Nous nous sommes perdus quand nous avons voulu nous rendre les maîtres de nos alliés ; & Lacédémone, après nous avoir vaincus, n'a plus été en état de se défendre contre les Thébains.

Philippe abuse aujourd'hui de nos divisions & de nos vices ; il ne cherche qu'à nous subjuguer & nous asservir: mais voyez avec quelle adresse son ambition emprunte le masque de la modération, de la justice, de la bienfaisance même; c'est par là qu'il est véritablement redoutable. Il recueille dans la Macédoine les vertus fugitives qui nous abandonnent; il rend son peuple sobre, actif, patient, laborieux & brave. Que de vertus, qui, par l'emploi insensé que ce nouveau Sésostris en fait, ne procureront qu'un faux bonheur aux Macédoniens! Si ce Prince avoit l'ame assez grande pour connoître ses devoirs, & les préférer aux intérêts de sa vanité & de son ambition, il mettroit à profit les circonstances heureuses où il se trouve. Au lieu de fomenter nos vices pour acquérir avec moins de peine l'empire de la Grece, il se serviroit de ses talens pour nous aider à nous corriger ; il tâcheroit de mériter à la Macédoine la considération dont Lacédémone a autrefois joui. Loin de nous diviser, il travailleroit à nous réunir, & à ne faire des Grecs & des Macédoniens qu'un peuple d'amis & d'alliés, qui seroit heureux, & dont le pays devindroit inaccessible aux attaques des Etrangers.

Il procureroit ainsi un bonheur durable à sa nation ; mais puisque Philippe n'aime la vertu que pour en faire l'instrument de son ambition ; j'ose vous prédire, sans vouloir empiéter sur les droits de l'oracle de Delphe, que cette fortune des Macédoniens, préparée & conduite avec tant d'art, de courage & d'habileté de la part du Prince, & tant de vertu de la part des Sujets, disparoîtra en naissant. Le moment où leur empire sera parvenu à la situation en apparence la plus brillante, sera l'époque où il commencera à (6) déchoir. Ses succès ouvriront enfin les yeux à ses voisins ; ses conquêtes lui feront plus d'ennemis qu'elles ne lui donneront de sujets. Les qualités que nous admirons aujourd'hui dans les Macédoniens, feront place aux vices des vaincus. La Macédoine fera malheureuse, & trouvera enfin un vainqueur.

Il faudroit, mon cher Ariſtias, que la nature du cœur humain changeât, pour que la politique de nos ſophiſtes pût conduire un peuple à un bonheur durable. Si ce n'étoit que notre raiſon ſeule qui nous fit haïr l'injuſtice, la fourberie, la violence, l'ambition, l'avarice, &c. peut-être qu'on parviendroit à l'éblouir, la tromper & l'envelopper de préjugés qu'elle ne pourroit détruire; mais ce ſont nos paſſions mêmes qui déteſtent ces vices dans nos pareils. Bleſſées dès qu'elles les rencontrent, elles s'aigriſſent, elles s'irritent, & rien ne peut les diſtraire. Tant qu'un homme injuſte & ſans foi indiſpoſera ſes Concitoyens; tant qu'une République ambitieuſe, avare & orgueilleuſe ſe rendra ſuſpecte & odieuſe à ſes voiſins, c'eſt-à-dire, tant que la nature de l'homme ne changera pas; ſoyez perſuadé que la politique doit regarder la vertu comme la ſource & le fondement de la proſpérité. Je devrois vous parler actuellement de la méthode avec laquelle la politique doit affermir la vertu dans une République ; mais en voilà aſſez pour aujourd'hui, dit Phocion, & je craindrois, mon cher Ariſtias, de nuire à la vérité en vous fatiguant : s'il vous reſte même quelques doutes ſur les matieres que nous avons traitées, la ſuite de nos Entretiens les diſſipera.

TROISIEME ENTRETIEN.

Méthode que la Politique doit employer pour rendre un peuple vertueux. Des vertus qu'elle doit principalement cultiver. La tempérance, l'amour du travail, l'amour de la gloire. Necessité de la Religion.

ARISTIAS & moi nous nous rendîmes hier chez Phocion, mon cher Cléophane. C'est aujourd'hui, lui dis-je, nos grandes Penathenées, & comment pourrións-nous mieux célébrer une fête consacrée à Minerve, & destinée à perpétuer le souvenir de la réunion que Thesée fit des differens peuples de l'Attique dans Athenes, qu'en écoutant ce que vous voudrez bien continuer à nous apprendre sur la morale & la politique ?

Je sçais trop de gré à Aristias, me répondit Phocion, de préférer un entretien austere au spectacle de nos fêtes, pour ne pas consentir à ce que vous désirez.

ſirez. Il eſt vraiſemblable, ajouta-t-il en ſouriant, que Minerve qui voit nos Panathenées avec indifférence, depuis que nous les célébrons avec plus de pompe & moins de vertu que nos peres, trouvera bon que nous n'en augmentions pas la cohue.

Puiſque vous le voulez, reprenons la ſuite de nos Entretiens. Je vous ai prouvé, continua Phocion, que la vertu lie les hommes en leur inſpirant une confiance mutuelle, & que le vice au contraire les tient en garde les uns contre les autres, & les diviſe. Je vous ai fait voir qu'il n'y a point de vertu qui ne ſoit utile à la Société; mais ces connoiſſances ſeules ne ſuffiſent point pour guider la politique dans ſes opérations. Quoique toute vertu mérite d'être cultivée, toutes cependant ne demandent pas les mêmes ſoins de la part du Légiſlateur & des Magiſtrats; quelques-unes n'ont pas un rapport auſſi direct, auſſi immédiat que les autres à ce qui fait & conſolide le bonheur des Citoyens & la ſûreté de la République. Toutes les vertus n'étendent pas leurs racines à une égale diſtance, toutes n'ont pas une tige également forte, quelques-unes même ont besoin d'un appui, ou languissent & se flétrissent sans ce secours. Les unes jettent de plus grands rameaux, & portent des fruits plus abondans que les autres; il y en a même qui fécondent, pour ainsi dire, tout le terrein qui les environne; vous verrez naître au tour d'elles mille vertus particulieres qui sembleront venir sans semence, & n'exiger aucune culture.

Si la politique, mon cher Aristias, considere les vertus suivant leur ordre en dignité & en excellence, elle place à leur tête la justice, la prudence & le courage. D'accord avec la morale, elle nous montre que de ces trois sources découlent l'ordre, la paix, la sûreté & tous les biens en un mot que les hommes peuvent désirer. L'objet de la politique est de nous rendre facile la pratique de ces trois vertus; mais elle connoît trop bien l'activité de nos passions & la paresse de notre raison, pour espérer de nous en faire contracter l'habitude, si en nous familiarisant d'avance avec d'autres vertus dont elle est plus maîtresse de régler l'exercice

& la marche, elle n'écarte de notre cœur les vices qui nous empêchent d'être justes, prudens & courageux.

Ce seroit un étrange Politique, qu'un Législateur, persuadé qu'il suffit de faire des loix pour que les hommes y obéissent. Il n'a encore rien fait quand il n'aura réglé que les droits de chaque Citoyen & donné des bornes fixes à la justice. Laissez agir nos passions, elles auront bientôt derangé ces bornes. Mille prétentions chimériques anéantiront le droit. Au milieu des loix les plus justes, l'injustice, secondée par la ruse & la chicane, & enhardie par l'impunité, deviendra bientôt l'esprit général des Citoyens. Publiez dans la place de Sibaris qu'il est ordonné à tout Citoyen d'avoir assez de courage pour préférer dans un combat la mort à la fuite, & mépriser dans l'administration de la République les dangers auxquels un Magistrat est quelquefois exposé ; & je vous réponds que vous aurez publié le décret le plus inutile. Les Sibarites, toujours efféminés, ne sortiront point de leur mollesse pour prendre du courage. La Loi nous prescriroit à nous autres Athéniens la police la plus sage dans nos délibérations publiques, pour nous empêcher d'être inconsidérés, & nous forcer de peser & d'examiner avec maturité les intérêts de la Patrie ; que si nous devenions prudens, ce seroit pour l'intérêt de nos passions, & non pour celui de la République.

Tout Législateur qui ignore sur quelles vertus la justice, la prudence & le courage doivent être, pour ainsi dire, entés ; tout Législateur qui ne sait pas préparer les hommes à les aimer & les pratiquer, verra que ses loix inutiles n'auront fait aucun bien à la Société. Il y a en effet, mon cher Aristias, des vertus qui servent de base & d'appui à toutes les autres. Je compte quatre de ces vertus, que j'appelle *meres* ou *auxiliaires*, & qui sont les premieres dans l'ordre politique, la tempérance, l'amour du travail, l'amour de la gloire, & le respect pour les Dieux.

Par tempérance, j'entends, poursuivit Phocion, cette vertu qui, nous invitant à nous contenter des choses que la Nature exige indispensablement pour notre conservation, diminue le nombre de nos besoins & les simplifie. Qui n'étudie pas l'art d'être heureux à peu de frais, sera toujours malheureux. Vous sçavez ce que Socrate (1) disoit à Euthydeme, que les voluptueux sont les hommes du monde les plus déraisonnables. A force de se repaître de voluptés, ils éteignent en eux le sentiment du plaisir; ils n'ont pas l'esprit d'endurer la faim & la soif, & de résister aux premieres amorces de l'amour & du sommeil; ils gâtent tout par leur attention insensée à prévenir leurs désirs.

La volupté vend ses faveurs à trop haut prix; elle employe trop de mains, trop de temps, trop de peine à la composition de son ennuyeux bonheur, pour que la politique n'échouât pas en essayant de rendre heureux un peuple voluptueux. A peine la volupté jouit-elle, que rassasiée, elle rejette avec faste & dédain ce qu'elle avoit désiré avec emportement. Nos sophistes, à leur ordinaire, ont mal raisonné sur cette matiere, parce que la Nature a voulu que nos besoins fussent la ſource de nos plaiſirs, ils ont prétendu qu'en multipliant les uns, on multiplieroit auſſi les autres ; mais ils n'ont pas fait attention que la volupté eſt moins habile & moins libérale que la Nature. Celle-ci ne donne aucun beſoin, ſans donner en même temps un moyen aiſé de le ſatisfaire ; & la volupté, qui flatte, échauffe, irrite notre imagination par des eſpérances & des ſonges, ne donne jamais ce qu'elle a promis ; elle fuit quand nous croyons la ſaiſir, & nous laiſſe le dégoût, l'ennui & la laſſitude à la place du plaiſir.

Mais il ne s'agit pas entre nous de l'inconſéquence des voluptueux ; & quand leur paſſion ne les tromperoit pas, il n'en faudroit pas moins, mon cher Ariſtias, bannir la volupté de notre République. Croyant acheter des plaiſirs à prix d'argent, elle eſt toujours avare & prodigue, & jamais on n'a vû la juſtice, la prudence & le courage ſe mêler parmi les vices qui accompagnent l'avarice & la prodigalité. Toutes les richeſſes de la Perſe n'enrichiroient pas (2) Demadès ; l'Europe, l'Aſie &

l'Afrique ne suffiroient pas aux besoins de trois voluptueux comme lui : comment donc la vérité seroit-elle l'ame de ses discours ? Patrie, honneur, justice, il vendra tout à qui voudra l'acheter. Ce Sénateur, accablé du poids d'une digestion difficile, livreroit l'Etat à qui lui offriroit un elixir propre à ranimer les ressorts usés de son estomac, & vous voulez qu'il s'informe s'il n'y a point quelque malheureux Citoyen que la faim poursuit ? Croirez-vous que des Magistrats, avides & fatigués de plaisirs, soient bien propres à penser aux besoins de la Société ? Que ce soient des sentinelles vigilantes & attentives à prévoir, prévenir ou repousser les périls dont la République peut être menacée ?

Ne l'espérez pas ; la République elle-même ne l'exige plus, quand une fois les esprits sont infectés par la jouissance ou le désir des voluptés ; elle tiendra même compte à ses Magistrats de leur mollesse & de leur faste. Dès que la recherche dans les plaisirs a attaché à la médiocrité l'opprobre de la pauvreté, les Citoyens ont trop de besoins pour être contens de leur fortune. Leur ame est déja souillée des vols que leurs mains n'ont encore pû commettre; ils feront un commerce honteux de leur suffrage, & vendront leur voix au plus offrant. On ne verra dans les Magistratures que la facilité de s'enrichir impunément par des injustices; on ne voudra plus avoir de crédit dans la République, ni commander les armées, que pour faire fortune, & s'abîmer ensuite dans les voluptés. Tout est alors perdu; il ne subsiste plus qu'un vain simulacre de République. A la place des loix méprisées, les passions regnent impérieusement, & les mœurs seroient atroces, si les ames étoient encore capables de conserver quelque force.

Quand en ouvrant le cœur à tous les vices, les voluptés n'y étoufferoient pas le principe de la justice & de la prudence, il suffit qu'elles énervent le corps pour que la République ne doive plus attendre de ses Citoyens amollis les fatigues, les veilles, la patience, les travaux, d'où dépend souvent son salut.

Tandis que de jeunes gens, laſſés de leurs débauches, dorment laborieuſement dans le duvet, penſez-vous, ſi on les réveille en ſurſaut pour repouſſer l'ennemi qui eſcalade nos murailles, qu'ils trouveront en eux les forces & le courage de ces anciens Athéniens, accoutumés à coucher ſur la dure à côté de leurs armes, & à mépriſer les plaiſirs des ſens? Depuis que le goût des plaiſirs nous poſſede, j'ai vû, oui j'ai vû les deſcendans des Héros de Marathon & de Salamine aller aux ennemis avec l'envie de fuir dans le cœur. L'exemple contagieux des riches a corrompu juſqu'aux pauvres, qui ne partagent pas leurs voluptés. Il n'eſt plus d'Athénien qui ne murmure contre les fatigues de la guerre & la rigueur de notre diſcipline relâchée. La nature paroît dégradée dans toute la Grece; nous ſuccombons aujourd'hui ſous les exercices dont nos peres ſe jouoient autrefois; nous trouvons nos armes trop peſantes, & la molleſſe de nos villes nous a appris à redouter le courage des Barbares.

Que Lycurgue, mon cher Ariſtias, étoit profond dans la connoiſſance de nos vertus & de nos vices ! Méditez ſes loix, un Dieu ſans doute les lui avoit dictées. Vous ne le verrez jamais s'égarer dans des détails inutiles, proſcrire un vice, & n'en pas couper la racine ; ordonner la pratique d'une vertu, & négliger celle qui doit en être le principe ou l'appui. Il ne permet pas à deux jeunes époux de s'abandonner inconſidérément à leurs tranſports ; il vouloit qu'un mari n'habitât pas d'abord dans la même maiſon que ſa femme ; il lui ordonnoit de dérober ſes faveurs. C'étoit pour empêcher que les droits du mariage ne devinſſent une ſource de corruption & de molleſſe en les abandonnant aux voluptés, & que raſſaſiés de plaiſirs légitimes, ils n'en cherchaſſent de défendus. L'adultere ne fut point connu à Lacédémone : quel avantage ! S'il eſt vrai que tout commerce de galanterie ſuppoſe dans les femmes une lâche infidélité à leurs devoirs, & dans les hommes l'art de ſéduire & de corrompre réduit en principes, & par-là même d'autant plus dangereux, qu'il les occupe ſérieuſement de cent miſeres, qui ôtent à l'ame les reſſorts néceſſaires pour méditer & exécuter de grandes choses.

Faute de connoître le penchant du sexe à la mollesse, & l'empire qu'il a sur notre ame, la plûpart des Législateurs ont tendu un piége à nos mœurs, en négligeant de régler celles des femmes. Lycurgue devina qu'elles nous donneroient leurs vices, s'il ne leur donnoit pas nos vertus. Il en fit des hommes; il leur inspira un généreux mépris pour les besoins auxquels la nature ne les a pas assujetties. Il les endurcit au travail, à la peine, à la fatigue. Platon (3), enhardi par cet exemple, voulut même en faire des soldats dans sa République. Il sçavoit que moins nous avons de devoirs à remplir, moins nous y sommes attachés, & en exigeant beaucoup des femmes, il espéroit avec raison de tout obtenir aisément des hommes.

Lycurgue établit enfin dans sa ville des repas publics, dont le brouet noir, si décrié aujourd'hui, faisoit les délices. Voilà ses deux principales institutions, & sans leur secours, il auroit inutilement proscrit l'usage de l'argent & les arts inutiles, aiguillons à la fois & alimens des paſſions. L'exercice des vertus les plus difficiles & dans le degré le plus héroique, devoit dès-lors devenir familier aux Spartiates; parce que c'eſt le propre de la tempérance de fermer l'entrée de notre cœur à une foule de vices, en nous rendant notre ſituation préſente agréable, & de nous porter ſans effort au bien. La tempérance inſpire néceſſairement le mépris des richeſſes; & ce mépris, qui ſuppoſe l'ame débarraſſée des beſoins frivoles qui nous tourmentent, eſt toujours accompagné de l'amour de l'ordre & de la juſtice. Moins les paſſions ſont vives & nombreuſes, plus la raiſon eſt libre de faire valoir ſes droits. Oui, mon cher Ariſtias, depuis que nous avons renoncé à la ſimplicité des mœurs de nos peres, nous avons beau faire tous les jours de nouvelles (4) Loix & multiplier nos Magiſtrats, c'eſt convenir de notre corruption, & n'employer que des remédes inutiles pour nous corriger. Le premier Magiſtrat & la premiere Loi d'une République, ce doit être la tempérance; & le peuple le mieux gouverné après les Spartiates, c'eſt celui qui approchera le plus de leur frugalité.

Cependant telle eſt la foibleſſe humaine, que toute vertu a ſes momens d'erreur, de diſtraction & de laſſitude. La tempérance a autant d'ennemis qu'il y a de ſortes de voluptés, & quel que ſoit ſon pouvoir, elle ſuccombera à la fin, ſi la politique n'empêche qu'elle n'ait à combattre contre l'oiſiveté & cet ennui qui ſuit l'inaction de l'ame & du corps. Tout le temps où la loi nous abandonne à nous-même, eſt un temps qu'elle donne aux paſſions pour nous tenter, nous ſéduire & nous ſubjuguer. La politique doit donc inſpirer aux Citoyens l'amour du travail. Cette vertu répandant ſur les plaiſirs les plus ſimples & les plus honnêtes un charme capable de nous ſatisfaire, tempere notre imagination, & empêche, pour ainſi dire, qu'elle n'aille à la découverte de quelque nouveau plaiſir.

Ne vous hâtez pas, mon cher Ariſtias, de conclure de cette doctrine que toute eſpece de travail ſoit utile à la Société; il eſt au contraire une ſorte d'oiſiveté qui lui feroit peut-être moins funefte. Voyez quel eft le procédé de la Nature à notre égard. Libérale de tous les biens qui nous font néceffaires, elle veut cependant que nous les achetions par le travail. La terre eft ftérile, fi nos mains ne la fécondent pas ; & par l'ordre établi pour la production des fruits, ce travail eft léger, mais continuel. Que la politique imite la nature. Si le travail qu'elle nous impofe n'eft pas proportionné à nos forces, fi l'efpérance qui le feroit entreprendre avec joie eft trompée, s'il ne peut pas fuffire à nos befoins, il devient infupportable, & ne peut être que l'occupation, ou plutôt le châtiment d'un efclave.

L'Egypte fut malheureufe fous les fucceffeurs de Sefoftris, dès que le Prince, conduit par une infatiable avarice, s'écarta de ces principes, & condamnant fes Sujets à des travaux trop durs, en voulut feul recueillir les fruits. Les mains des Egyptiens s'engourdirent. La nation la plus active s'avilit dans la pareffe, qui étoit devenuë fon feul bien. L'Etat fut vexé à la fois par la pau-

vreté & le luxe; les esprits s'effarouche-
rent, & on traita les Citoyens comme des bêtes farouches qu'il falloit
dompter (5) par la fatigue. Cependant
quel spectacle présentoit la malheureuse Egypte! Sans les eaux bienfaisantes
du Nil, les campagnes auroient à peine
pû suffire à nourrir leurs habitans. Au
milieu de ces monumens qui semblent
destinés à vivre autant que le monde,
& qu'un peuple malheureux est condamné à élever à l'orgueil de ses maîtres; que deviendra le Monarque, si un
ennemi étranger se présente sur ses
frontieres, & veut lui enlever sa cou-
ronne & ses plaisirs? Quels bras ar-
mera-t-il en sa faveur? Quel intérêt auront ses peuples de défendre, aux dépens
de leur sang, ses voluptés & leur misere?

A Tyr, à Carthage, nous disent
les voyageurs, tous les Citoyens sont
occupés: mais nous préservent les
Dieux, mon cher Aristias, de les imiter. Ces peuples, dont on nous vante
l'industrie & l'activité, ont été les cor-
rupteurs des nations. Contentes des richesses que la nature prudente répand

dans chaque climat, elles vivoient heureuses sans faste & sans luxe. Les Tyriens & les Carthaginois ont tenté leur cupidité ; ils les ont façonnées au goût des choses rares & recherchées ; ils ont eu la perfidie de leur faire mépriser les biens qu'elles possédoient. Combien la pourpre de Tyr & les superfluités élégantes de Carthage n'ont-elles pas fait commettre de crimes, & produit de malheurs sur la terre ? Mais ne pensez pas, Aristias, que ces empoisonneurs publics ayent eux-mêmes échappé aux poisons qu'ils préparent. Je ne connois ni Tyr ni Carthage ; j'oserois cependant assurer que ces deux villes sont malheureuses. L'amour du travail, qui est une grande vertu quand il accompagne la tempérance, & sert avec elle à réprimer & régler nos passions, est au contraire l'ouvrage de l'avarice & de la cupidité chez les Carthaginois & les Tyriens. Plus ces deux vices s'accroissent au milieu des richesses, plus toutes les autres passions acquiérent de force. L'amour du travail n'est propre dans ces deux Républiques qu'à humilier les esprits, ou leur inspirer de l'insolence ; il doit y faire des mercénaires & des tyrans.

Notre Solon, fatigué des émeutes & des séditions que l'oisiveté du peuple excitoit parmi nous, fit des loix pour faire aimer le travail. Un pere qui n'avoit pas fait apprendre un métier à son fils, ne pouvoit exiger aucun secours de lui dans sa vieillesse ; loi absurde, parce qu'elle est contraire aux devoirs éternels & inviolables de la nature, & qu'on n'attachera jamais un Citoyen à la Patrie, en lui apprenant à manquer de reconnoissance pour son pere. Chaque Citoyen fut obligé de rendre compte de ses occupations devant l'Aréopage, chargé de punir la paresse. A quoi aboutit cette grande politique ? Chacun choisissant à son gré ses occupations, que la loi auroit dû régler, nous devinmes tous des mercénaires. Teinturiers, Cordonniers, Maçons, Marchands, Maréchaux, Revendeurs : voilà ce qui forme le fond de nos assemblées dans la Place publique.

Nos Citoyens, livrés à des occupations basses & serviles, que Lycurgue n'avoit permises qu'aux Hilotes, devoient en prendre les mœurs. Que seroit devenue la République? Marathon & Salamine auroient-ils été témoins du courage & de la gloire de nos peres? La Grece entiere ne seroit-elle pas aujourd'hui gouvernée par un Satrape orgueilleux des Rois de Perse? Si à la faveur d'un concours heureux de circonstances extraordinaires, sur lesquelles il ne faut jamais compter, d'autres causes, en conservant dans un peuple d'artisans l'ancien amour de la gloire & de la liberté, ne l'eussent préparé à se laisser conduire (6) aveuglément par un Miltiade, un Thémistocle & d'autres pareils grands hommes? Quand ces causes étrangeres à notre constitution, s'affoiblissant peu à peu, cesserent enfin d'influer sur nos mœurs, & que la République, gouvernée par des Ouvriers, eût pris le génie qu'elle devoit naturellement avoir, vous sçavez dans quel avilissement nous tombâmes. L'intérêt particulier décida toujours de l'intérêt public. Tour à tour extrêmes dans toutes nos passions, timides le matin, téméraires le soir, lâches & emportés à la fois, nous ne connûmes jamais nos forces, notre foiblesse ni nos ressources; jamais nous ne sçûmes agir à propos; jamais nous ne sçûmes prevoir les dangers ni les prévenir. Qu'avons-nous à nous plaindre de la fortune ? Devoit-elle faire des miracles pour rendre juste, prudente & magnanime une assemblée d'Artisans ?

Tout art nécessaire aux besoins réels des hommes, est sans doute honnête ; il ne devient dangereux que quand par une trop grande recherche il donne aux choses un prix qu'elles ne doivent point avoir, & rafine inutilement notre goût. J'aime la simplicité des mœurs peintes dans Homere; des Rois qui sçavent le nombre de leurs vaches, de leurs chevres, de leur moutons, & qui préparent eux-mêmes leur souper; une Reine Areté qui file les étoffes dont son mari est habillé; & une Princesse Nausicaa qui va elle-même sur une charette laver à la riviere les habits de sa famille. Chacun peut avec gloire être lui-même son propre artisan, & plût aux Dieux que la sagesse de nos mœurs, la simplicité de nos besoins, & l'égalité de nos fortunes, le permissent encore ! Mais dans une République où la Politique ne peut plus ramener les Citoyens à cette pureté primitive des anciens temps, les arts sont toute la richesse de ceux qui les cultivent ; les artisans ne subsistent que du salaire qu'ils reçoivent des riches qui les occupent, & le travail doit nécessairement (7) avilir leur ame. Que le Législateur, mon cher Aristias, se garde donc de leur confier le dépôt ou l'administration de la souveraineté. Si la Loi les déclare hommes libres, & en fait des espéces de Citoyens, que la Politique ne les regarde cependant que comme des esclaves qui n'ont point de Patrie, & qui ne peuvent participer aux assemblées de la Nation. Nos plus grands hommes, Miltiade, Thémistocle, Cimon, &c. favorisoient l'Aristocratie. Je suis leur exemple, & ce n'est ni par vanité, ni par ambition, je connois trop l'égalité des hommes, & les droits de l'humanité ; mais je consulte le bonheur de la République,

& il importe à la multitude même, que ſon travail & ſes occupations aviliſſent & retiennent dans l'ignorance, de ne pas s'emparer du Gouvernement.

Pleine d'humanité à l'égard des artiſans, que la République, qui ne peut s'en paſſer, les gouverne ſans les mépriſer. Le Magiſtrat doit avoir ſoin que le travail fourniſſe aux artiſans une ſubſiſtance facile & abondante, ou bien ils deviendront les ennemis de la République, comme les Hilotes le ſont des Spartiates, & on aura à ſe reprocher la moitié de leur crime, & le châtiment même dont on les punira. Des Citoyens aſſez ſages pour vouloir conſerver leurs mœurs, ne permettront jamais qu'on invente de nouveaux arts. Qui ſeroit inſtruit de l'origine & des progrès des Arts, connoîtroit peut-être l'hiſtoire de tous nos vices. A l'exemple des Spartiates, croyons que les peuples ſe civiliſent par de bonnes loix & la pratique des vertus, & non par un tas de ſuperfluités que le luxe eſtime, & que la raiſon réprouve. Lycurgue voulut que les Lacédémoniens ne ſe ſerviſſent que de la cognée & de la ſcie pour faire les meubles de leur maiſon. Loi admirable! Contraignez de même les artiſans à laiſſer aux arts les plus néceſſaires une certaine groſſiéreté, ſi vous ne voulez pas que le goût & le luxe des riches ne produiſent bientôt des arts inutiles. Cent fois j'ai vû Platon ſe plaindre amerement des progrès de la Peinture parmi nous. Un jour que j'admirois dans le Temple de Minerve la *défaite des Géans*, je me le rappelle avec plaiſir, il me tira par mon manteau; *Ces ſotiſes vous gâteront*, me dit-il; *que d'art, que de peine, que de génie pour exciter une admiration dangereuſe! Dans ma Republique, un Peintre ſera obligé de commencer & de finir ſon tableau dans un* (8) *jour.*

Enfin, mon cher Ariſtias, ſongez que la Politique ne doit admettre au gouvernement de l'Etat, que des hommes qui poſſédent un héritage; eux ſeuls ont une Patrie. Mais pour empêcher que leur oiſiveté ne nuiſe à la République, qu'une Loi ſévere proſcrive ces fortunes ſcandaleuſes qui corrompent encore moins ceux qui les poſſédent, que les Citoyens imprudens qui les envient. Que la médiocrité des héritages force les Propriétaires à les cultiver eux-mêmes. Si la Coutume s'y oppose, que la République arrache les Citoyens à leurs passions, en multipliant leurs devoirs & leurs occupations.

C'est un spectacle admirable que présentoit l'ancienne Lacédémone. Des hommes toujours occupés des exercices de la chasse, du disque, de la course, du pugilat, de la lute, &c. se préparoient dans leurs plaisirs mêmes à devenir d'intrépides défenseurs de la Patrie. Ils se délassoient de leurs travaux dans des écoles où on leur apprenoit moins à discourir, comme nous, sur les vertus, qu'à les pratiquer. Chaque âge, chaque sexe, chaque heure avoit ses occupations particulieres. Le temps fuyoit rapidement pour les Spartiates; & au milieu de cette vie toujours agissante, comment les passions, malgré leur diligence & leur adresse, auroient-elles trouvé un moment pour tromper, séduire & corrompre un Lacédémonien?

Jusqu'ici, mon cher Aristias, poursuivit Phocion, je ne vous ai en quelque sorte présenté que les foiblesses, la misere & la honte de l'humanité ; jusqu'ici la Politique ne vous a paru occupée qu'à briser les liens par lesquels mille passions différentes, tenant l'homme attaché à ses intérêts personnels, le séparent de ceux de la société. Pour rompre le charme de ces Circé, qui nous menacent du sort que subirent les Compagnons d'Ulysse, admirez à présent la sagesse infinie de la Nature à notre égard, & le secours qu'elle nous offre. Ces vertus si timides, si contraires à nos passions, si peu agissantes, si étrangeres dans notre cœur, mais cependant si nécessaires, apprenez par quel secret la Politique peut leur communiquer une force supérieure à celle des passions mêmes. Apprenez par quelles ressources la pratique des devoirs en apparence les plus austeres, peut devenir agréable, & même délicieuse. C'est en tenant éveillé dans notre cœur l'amour de la gloire, sentiment noble & généreux qui nous fait connoître la grandeur de notre origine & de notre destination. C'est ce sentiment, par

par lequel nous sommes les rivaux des substances spirituelles, qui nous apprend que nous sommes l'ouvrage d'un Dieu.

En effet, Aristias, l'ame n'a aucun ressort plus capable de la mouvoir que l'amour de la gloire. D'autant plus sublime, qu'il se plaît à trouver des obstacles & des combats, par combien de triomphes obtenus sur les passions les plus hardies & les plus impérieuses, ne s'est-il pas illustré ? Vous citerois-je tous les grands hommes à qui elle a fait mépriser les charmes de la volupté, & aimer la pauvreté ? L'amour de la gloire semble en quelque sorte nous séparer de nous-mêmes. Nous nous oublions par une sorte de prestige ; prêts à lui sacrifier notre vie, l'image d'une belle mort s'empare de notre ame & l'enyvre. Depuis Codrus, combien de héros ont été les généreuses victimes de ce sentiment ?

Socrate, qui connoissoit si bien le cœur humain, ne se contentoit pas, pour exciter à la vertu, de démontrer qu'elle nous rend heureux, & porte avec elle sa récompense. Il auroit craint que les passions plus éloquentes que lui, en offrant un plaisir présent, n'eussent fermé l'oreille de ses disciples à la vérité. Pour les rendre attentifs & dociles, il leur montra la gloire. C'est dans son école que se sont formés les derniers hommes de bien qui ont honoré notre République; & combien Athénes n'auroit-elle pas encore été heureuse & florissante, si par l'organe des Loix & la bouche des magistrats, la Politique avoit persuadé à tous les Citoyens ce que Socrate persuadoit à ses Disciples!

Si les Barbares ne connoissent point l'amour de la gloire; si cette vertu, déja affoiblie dans la Gréce, y devient de jour en jour infiniment plus rare qu'elle ne l'étoit il y a un siécle, ne croyez pas que la Nature ait été plus libérale envers nos Peres qu'à notre égard, ou que par une prédilection injuste elle ait pris plaisir à nous distinguer des Etrangers. En tout temps, en tout lieu, elle répand également ses bienfaits; mais en tout temps & en tout lieu, la Politique ne sçait pas en profiter également. Pendant la guerre Médique, les Thébains auroient montré autant de courage qu'ils laisserent voir de timidité, si un Epaminondas eût rallumé dans leur cœur le sentiment éteint de l'amour de la gloire. Comment voudriez-vous, mon cher Aristias, que cette vertu osât pénétrer dans la Perse, & y produire quelques fruits? Un souffle contagieux en a fait mourir le germe même. Il n'est point de récompense imaginée pour honorer la vertu, dont quelque vice ne s'y pare insolemment. Une Cour enyvrée de plaisirs, & qui est l'ame de tout l'Empire, n'a de faveurs à répandre que sur les ministres ou les instrumens de ses voluptés. Elle se gardera bien de donner le gouvernement d'une Satrapie à un homme intelligent & vertueux : elle s'en défie, & le craindroit. Pour devenir Grand en Perse, il faut être un homme très-médiocre, ou s'avilir jusqu'à cacher ses talens.

Le peuple ne raisonne point. Naturellement porté par son ignorance à donner son admiration à ce qui flatte son imprudence, son orgueil, son avarice, sa jalousie, &c. il confondra le bizarre & l'extraordinaire avec ce qui est véritablement sage & grand. N'en doutez pas ; il courra après une gloire de préjugé & de mode, si la Politique, de concert avec la Morale, ne le met dans le bon chemin. Il s'en écartera, si on cesse un moment d'éclairer & de guider sa marche, & bientôt il dégoûtera par ses éloges ridicules & bruyans les appréciateurs du vrai mérite, & égarera avec lui ceux qui sont frappés de l'amour de la gloire, mais qui n'ont pas assez de lumiere pour sçavoir où il faut la chercher.

Quand la Politique est parvenue à connoître ce qui est véritablement estimable, quand elle aura, pour ainsi dire, pesé les vertus, qu'elle accorde une plus grande considération à celles qui sont les plus avantageuses à la société, & d'un exercice plus difficile. Au lieu de prodiguer les honneurs, que la République ne les dispense qu'avec une extrême économie. La gloire trop commune s'avilit. Que les récompenses soient rares, que tous les désirent, que peu les obtiennent ; elles seront méprisées, si on les donne d'avance ou par caprice. Les talens ont droit d'y prétendre : mais ce n'est que quand ils sont utiles à la Patrie. Que nous importe d'avoir d'excellens Peintres, d'excellens Comédiens, d'excellens Sculpteurs ? Malheur à la Nation insensée, qui, sous prétexte du génie qu'exige leur art, les place à côté du grand Capitaine ou du grand Magistrat, & leur donne les mêmes éloges. En est-on plus heureux, quand la Peinture & la Sculpture animent en quelque sorte la toile, le bronze & le marbre ? Philippe apprend avec plaisir la magnificence de nos Panathenées ; il est ravi que nos Citoyens ne puissent se rassasier de fêtes, de musique, de spectacles. Autrefois nous n'élevions que des statues à peine ébauchées aux bienfaiteurs de la Patrie, & nous avions une foule de grands hommes ; aujourd'hui nous n'avons que des Sculpteurs & des Peintres. Convenez-en, Aristias, il est fort intéressant pour Athènes que quelques hommes, à force d'étude & d'art, parviennent à rendre parfaitement sur nos théâtres les rôles de Priam, d'Hercule, d'Achille & d'Ulyffe, tandis que perfonne ne fçait être Citoyen dans la Place publique, ni Magiftrat dans le Sénat ou l'Aréopage.

Mais il faut défefpérer de la République, fi elle diftribue les récompenfes de la vertu aux talens d'un homme vicieux. Craignez ces talens funeftes, mon cher Ariftias; ce font des fofphores brillans qui trompent le voyageur, & le conduifent au précipice. En recherchant les caufes de la profpérité ou des revers des différentes Républiques de la Grece, j'ai toujours remarqué qu'un peuple vertueux ne manque jamais des talens qui lui font néceffaires, & que les talens font toujours inutiles, quand la vertu ne les feconde pas. Quel avantage Thébes eût-elle retiré d'Epaminondas & de Pélopidas, s'ils euffent été avares, ambitieux, & jaloux l'un de l'autre? La Grece dut autrefois fon falut à la penfée hardie, mais fage, de Themiftocle, qui confeilla à nos Peres d'abandonner leur Ville à Xercès, de tranfporter leurs femmes, leurs vieillards, leurs enfans à Salamine, & de conftruire une flotte avec la charpente de leurs maifons. Oh! qu'il eft heureux pour nous que nos Peres ayent sçû sacrifier leur intérêt particulier à la fortune publique ! A quoi nous serviroient aujourd'hui les talens de ce grand homme ? Si Aristide & Cimon eussent eu alors les mœurs basses & corrompues de notre temps, ils se seroient soulevés contre un projet dont ils n'étoient pas les auteurs ; ils auroient préféré la perte de la République, & de la Grece entiere, au chagrin jaloux de les voir sauver par un autre. Ce fut l'honnêteté des mœurs publiques qui permit à Themistocle (9) d'être un grand homme, & de vaincre les Perses.

Ce n'est pas tout, mon cher Aristias ; c'est à ces malheureux talens des hommes vicieux que la Grece a dû tous ses malheurs. Si le vice étoit stupide, il ne seroit jamais dangereux. C'est quand il se cache sous les talens, que faisant illusion à tous les esprits, il porte un coup mortel à la République. A-t-elle un établissement avantageux qui gêne l'ambition ou l'avarice des Citoyens ? Un homme corrompu abuse de ses talens pour le décrier, & réussit enfin à détruire des loix qui maintenoient l'ordre public. A-t-elle un défaut dans sa constitution ? C'est par-là qu'il l'attaque, qu'il la renverse, & s'éleve sur ses ruines. Telle a toujours été la conduite des Tyrans qui ont usurpé dans leurs villes la puissance souveraine. Ils ont employé leur génie à éluder la force des loix, & à tromper l'autorité ou la vigilance des Magistrats. Ils ont semé des soupçons, ils ont fait naître des craintes & des espérances pour exciter des querelles ; ils les ont fomentées avec assez d'art, pour persuader qu'ils n'aimoient que le bien public. Quand leur intérêt l'a demandé, les moindres divisions sont dégénérées en espéces de guerres civiles ; & en feignant de servir les gens de bien, & de rétablir l'ordre, ils n'ont en effet établi que leur tyrannie.

Periclès, dont le génie supérieur pouvoit faire le bonheur d'Athènes & de la Grece, n'a pas craint de corrompre (10) nos mœurs, pour flatter & gagner la multitude ; de nous rendre les tyrans de nos alliés, pour se faire croire nécessaire ; & d'allumer enfin la guerre fatale du Péloponèse, pour raffermir son crédit chancelant, & se dispenser de rendre compte de son administration. Avec les mêmes talens, l'ambitieux Lysander ne songea qu'à renverser le gouvernement de sa Patrie, pour s'ouvrir le chemin du trône qui lui étoit fermé. Quand il pouvoit remettre en vigueur les anciennes loix, & rétablir les mœurs altérées par l'ambition d'une longue guerre, il ne travailla sourdement qu'à donner ses vices aux Lacédémoniens. Il trompa leur amour pour la gloire, il abusa de leur amour pour la Patrie; & sous prétexte d'affermir leur puissance, il les rendit avares, ambitieux, & ruina leurs forces avec leur réputation. Que de maux ne nous a pas causés Alcibiade, dont les talens séduisans servoient à faire excuser les vices? Et ses talens nous ont-ils dédommagés du ravage que ses vices ont fait parmi nous?

La terre entiere, mon cher Aristias, n'offre qu'un vaste tableau des erreurs de la Politique. Elle s'égare presque toujours à la suite d'une fausse gloire; combien de préjugés, combien de vices mêmes ne rend-t-elle pas respectables ? Elle n'employe que rarement les moyens propres à favoriser l'amour de la gloire. On n'a point compris combien ce sentiment est délicat, jaloux de ses droits, & combien il exige de ménagemens. La menace le choque, & la crainte l'éteint dans tous les cœurs. Qui croiroit que les loix sanguinaires de Dracon fussent nées au milieu d'un peuple libre, & qu'on vouloit rendre vertueux ? Elles ne nous auroient donné que des vertus d'esclave, si nous avions eu la lâcheté d'y obéir. La peine de mort qu'il décerne contre les moindres fautes, ne sçauroit être trop rare. Voulez-vous rendre l'amour de la gloire plus vif & plus général ? Que la honte vous suffise pour punir les coupables. Ce n'est qu'une Morale outrée, & conduite par une haine aveugle contre les vices, qui les confond tous ; en voulant faire aimer la vertu, elle détruit le sentiment d'humanité qui en est la base. Laissez à des Critias prodiguer le sang. Ne menacez de la mort que ces ames serviles, qui ne sont coupables que de crimes qui ne demandent aucun courage, ou ces hommes dont l'atrocité ne suppose aucun retour à la vertu.

C'est l'estime publique, qui étant la récompense naturelle de l'amour de la gloire, peut seule porter notre ame à un certain degré d'élévation. C'est ne pas connoître les hommes, que de vouloir les exciter aux grandes actions autrement que par une branche de laurier, ou une statue. C'est avilir la vertu, c'est la profaner, que lui présenter un prix que l'avarice & la convoitise peuvent seules désirer. On diroit que le Roi de Perse regarde l'honneur comme une marchandise qui s'évalue & s'échange au poids de l'or & de l'argent. Si Philippe n'étoit pas plus habile que ce Monarque de l'Asie, la Grece ne le redouteroit point. Son or ne lui sert qu'à faire & acheter des traîtres parmi nous; il nous le prodigue, mais il en est avare dans ses Etats. C'est en ménageant adroitement l'estime publique chez ses Sujets, que la Macédoine, d'où il ne venoit pas même autrefois de bons esclaves, commence à produire aujourd'hui des Citoyens propres à tous les devoirs & à tous les beſoins de la ſociété. Quand l'eſpérance d'acquérir des richeſſes porteroit à l'héroiſme, leur poſſeſſion ne l'étoufferoit-elle pas? Que vaut, diſent les Perſes, cette récompenſe que j'ai reçûe? Combien rapporte cette Satrapie? Quels ſont les profits de cette Charge du Palais? Voilà donc les fruits qu'a produits la Politique aveugle & prodigue des ſucceſſeurs de Cyrus. Princes malheureux, en comblant de biens vos Courtiſans, vous êtes parvenus à n'en faire que des eſclaves & des mercénaires; ils ne ſont plus dignes que des récompenſes qu'ils reçoivent.

Si je ne me trompe, mon cher Ariſtias, les réflexions dont je viens de vous entretenir, ſuffiſent pour vous faire voir combien la tempérance, l'amour du travail & l'amour de la gloire, en nous débarraſſant d'une foule de paſſions contraires aux intérêts de la ſociété, nous portent ſans effort à la pratique de la juſtice, de la prudence & du courage. Je ne m'en tiendrai cependant pas là; car tandis que nos paſſions, toujours éveillées par les objets qui frappent notre imagination & nos ſens, ſont dans une action continuelle, notre raiſon, ſujette à de fréquens aſſoupiſſemens, n'eſt que trop diſpoſée à ſe laiſſer tromper. Quelque ſolidement établi que paroiſſe l'empire des bonnes mœurs par le concours de pluſieurs vertus qui ſe ſoutiennent & s'étayent réciproquement, nous ne devons donc point nous flatter qu'il ſera inébranlable, tant que nous n'aurons que des hommes pour Magiſtrats. Vous prendrez toutes les précautions imaginées par Socrate & Platon pour en faire des Ariſtide, je le veux; ils ſeront infatigables & incorruptibles, j'y conſens. Mais ces Magiſtrats ſeront hommes; ils ne verront que les actions extérieures du Citoyen, & ſouvent ils viendront trop tard au ſecours des mœurs, de la juſtice & des loix offenſées. Il ſeroit à ſouhaiter, pour étouffer le germe même du vice, qu'il leur fût permis de deſcendre dans nos conſciences, de ſonder les profondeurs de notre cœur, & de juger nos penſées & nos déſirs, quand ils naiſſent.

Mais les Dieux ſe ſont réſervé à eux ſeuls cette connoiſſance; & puiſque le privilége de juger nos pensées & nos intentions, s'il étoit accordé à un homme, établiroit sa tyrannie, puisqu'il ouvriroit une porte libre aux passions du Magistrat, peut-être plus funestes à la société que celles du Citoyen ; je voudrois que tous les hommes fussent persuadés de cette vérité importante, que la Providence, qui gouverne le monde, & qui voit les mouvemens les plus secrets de notre ame, punira le vice, & récompensera la vertu dans une autre vie. Cette doctrine, fondée sur la justice des Dieux, si chere à notre raison, si proportionnée à nos besoins, n'est effrayante que pour nos passions. C'est pour étonner par des paradoxes, ou secouer le joug d'une crainte salutaire, que les Sophistes ont méconnu cet Etre suprême, qui est le principe de tout, & dont le nom est écrit en caracteres ineffaçables sur toutes les parties de son ouvrage. Ils ont dit qu'un hazard ridicule qui avoit tout fait, présidoit à tout, ou plutôt ne présidoit à rien. Pour ne pas fatiguer je ne sçais quels Dieux paresseux & voluptueux qu'ils ont imaginés, ils ne veulent point que leurs regards descendent jusques sur la terre. Ce fleuve ténébreux, qui entoure neuf fois la demeure des morts, ces campagnes toujours fleuries qu'habitent les gens de bien, la roue d'Ixion, le Vautour de Promethée, les Eumenides, leurs serpens, sont d'ingénieuses fictions. Mais en conclurai-je qu'aucune récompense n'attend la vertu après la mort, que le vice sera impuni, & qu'il est insensé de se donner la peine de résister à ses passions, & d'être vertueux ?

On ne se porte point subitement & sans crainte à une premiere injustice ; l'ame étonnée s'y refuse souvent ; & le crime, en un mot, a ses dégrés, parce que les scélérats ont besoin de s'essayer à la scélératesse. D'abord on se familiarise avec l'idée du crime ; on cherche ensuite les moyens de tromper la vigilance des Magistrats, & d'échapper à la rigueur des loix. A mesure qu'on médite son injustice, on la caresse, pour ainsi dire, on s'en abreuve, on s'en nourrit, & on l'exécute enfin avec audace & sans remords. Mais si le coupable eût sçû qu'il a un Juge qu'on ne trompe point, & auquel il ne peut échapper, la crainte auroit sans doute produit un effet salutaire sur son cœur, & réprimé ses passions dans le temps qu'elles pouvoient encore obéir à la régle.

Les Sophistes ont beau dire, mon cher Aristias, que les hommes les plus religieux sont les moins vertueux. Ils se trompent; ils appellent Religion ce qui n'est que superstition ou hypocrisie. Ils regardent comme un homme pieux cet imbécille qui, dupe de quelques vaines expiations, ne sçait, ni ce que le Ciel lui ordonne, ni ce qu'il lui défend, ou ce fourbe qui feint de craindre les Dieux, pour mieux tromper les hommes; mais si le sentiment de la Religion est saint, comme le Dieu éternel & infini qu'elle adore, quelle force ne doit-il pas prêter aux loix? Il inspirera certainement un respect timide aux passions. L'impiété de Salmonée & d'Ajax, qui ne révéroient que des Dieux pareils à eux, ne prouve rien. Je consens même qu'il puisse y avoir des impies, qui, dans l'accès de leur rage, bravent, non pas Mars, Vénus, ou tel autre Dieu d'Homere qu'il vous plaira, mais cet Etre ſuprême qu'adoroit Socrate; qu'en concluront les Sophiſtes? Ce qui eſt inutile à dix ou douze inſenſés dans le monde, ſera-t-il également inutile à tous les hommes? Parce que les Loix, les Magiſtrats, & les châtimens que la Politique employe pour mettre une barriere entre les hommes & le crime, ne produiſent aucun effet ſur quelques ames atroces, faudra-t-il ne regarder la légiſlation que comme une reſſource vaine pour nous conduire au bien? Faut-il détruire les Loix, & dépouiller les Magiſtrats de leur autorité?

Je ſçais combien nous ſommes eſclaves de nos ſens. Les paſſions, en troublant notre raiſon, peuvent ſans doute nous diſtraire de la crainte des Dieux; mais cette crainte eſt toujours un frein de plus. D'ailleurs, leur yvreſſe ne dure pas toujours. La raiſon a ſes inſtans pour ſe reconnoître, & l'idée d'un Dieu vengeur doit alors étonner, & troubler ſalutairement un coupable. L'âge enfin ſurvient, les paſſions s'affoibliſſent, & les ſentimens de Religion ſont du moins réparer des maux qu'ils n'ont pu prévenir. On déteste ses erreurs, & on donne des exemples de vertu propres à instruire les jeunes gens de leurs devoirs.

Je vous parlerois encore, mon cher Cléophane, de l'amour de la Patrie, si Phocion avoit voulu répondre à l'impatience d'Aristias. Bornons-nous aujourd'hui à l'examen des vertus dont je viens de vous parler ; demain, nous dit-il, je satisferai votre curiosité.

IVe ENTRETIEN.

De l'amour de la Patrie, & de l'humanité. Des vertus nécessaires à une République pour prévenir les dangers dont elle peut être menacée par les passions de ses voisins.

PHOCION nous avoit donné rendez-vous à sa maison de campagne pour notre quatriéme Entretien, & je m'y rendis hier avec Aristias. Oh! l'heureuse mélite! Oh! le fortuné hameau, mon cher Cléophane, qui sert de retraite au plus sage des hommes! C'est là que Phocion, aussi grand qu'à la tête de nos armées, médite le salut de la République, & cultive de ses mains victorieuses l'héritage borné qu'il tient de ses peres. La femme de cet homme, qui a porté la guerre dans de riches Provinces, pétrissoit (1) le pain, quand nous entrâmes chez elle. Phocion tiroit de l'eau au puits pour arroser les légumes grossiers qu'il a ſemés, & leur eſclave ſembloit ne remplir à leur égard que les devoirs de l'amitié. Qu'Homere avoit raiſon ! le plus bel ornement d'une maiſon, c'eſt la vertu de ſon maître. Je crus entrer dans un Temple plein du Dieu qui l'habite. Je lus ſur le viſage d'Ariſtias le reſpect dont il étoit pénétré. Que la pauvreté eſt quelquefois auguſte ! Hélas ! mon cher Cléophane, la plûpart de nos Citoyens n'y entendent rien. En ornant leurs maiſons de ſtatues, de vaſes & des plus rares peintures, ils croyent mériter l'eſtime publique, & font ſeulement admirer la folle impudence avec laquelle ils oſent élever des trophées à leurs rapines & à leurs injuſtices.

Juſqu'à-préſent, nous dit Phocion, après que nous l'eûmes prié de nous continuer ſes inſtructions, nous nous ſommes entretenus des vertus que la Politique doit regarder comme les fondemens de la ſociété, & les principes du bon ordre. Si vous le voulez, nous entrerons aujourd'hui dans quelques détails qui ne ſont pas moins importans. Mon cher Ariſtias, continua-t-il en ſoûriant, malgré la févérité de ma Morale, je vous ai un peu fcandalifé. Dans notre dernier entretien, vous m'avez laiffé voir votre étonnement au fujet de mon filence fur l'amour de la Patrie. Voici les raifons de ce filence, jugez-les. J'ai cru que je devois vous parler des vertus dans l'ordre même que la Politique doit les ranger pour en rendre la pratique plus aifée & plus familiere. Il n'y a point, & il ne peut y avoir d'amour de la Patrie dans les états où il n'y a, ni tempérance, ni amour du travail, ni amour de la gloire, ni refpect pour les Dieux. Le Citoyen, occupé de lui feul, s'y regarde comme un étranger au milieu de fes Concitoyens. Dans une République au contraire, où ces vertus font cultivées avec foin, l'amour de la Patrie y naîtra de lui-même, & produira fans fecours des fruits abondans. Vous voyez donc, mon cher Ariftias, qu'il ne doit point être placé dans la claffe de ces vertus, que j'ai appellées *meres* ou *auxiliaires*.

Je ne fçaurois vous peindre, mon cher Cléophane, l'étonnement d'Ariftias à ce difcours. Quoique fubjugué par la ſageſſe de Phocion, il ne put s'empêcher de l'interrompre. Eh ! quoi, Phocion, lui dit-il avec chaleur, peut-il y avoir une vertu qui ne le céde même à l'amour de la Patrie ? C'eſt lui qui eſt l'ame de toutes les vertus du Citoyen, il tient lieu ſouvent de toutes. Il produira à ſon gré la tempérance, il fera ſupporter avec courage les travaux les plus pénibles, il mépriſera tous les dangers. Ces Barbares, que nous regarderons comme la lie du genre humain, leur refuſerions-nous notre eſtime, s'ils aimoient leur Patrie, & ſçavoient vivre & mourir pour elle ? N'eſt-ce pas parce que la nôtre nous devient de jour en jour plus indifférente, que nous craignons aujourd'hui des voiſins qui nous reſpectoient autrefois, & que nous ſommes prêts à ſubir le joug de la Macédoine ?

Que cette chaleur me plaît, s'écria Phocion, en embraſſant tendrement Ariſtias, & plût aux Dieux, protecteurs de la Grece, que tous les Grecs penſaſſent comme vous ! Ah ! mon maître, ah ! Phocion, reprit Ariſtias, dont la ſurpriſe augmentoit encore, pourquoi vous plaisez-vous à m'embarrasser ? Pourquoi faites-vous ce vœu, si je suis dans l'erreur ? C'est que nos Citoyens, répondit Phocion, auroient au moins une vertu ; ils commenceroient à rougir de leurs vices, leur ame auroit encore quelque ressort, & tout ne seroit pas désespéré. Non, Aristias, l'amour de la Patrie, s'il n'est enté sur d'autres vertus, ne produira point les miracles que vous imaginez. S'il s'allume par hazard dans des Citoyens livrés aux plaisirs, paresseux & indifférens sur la gloire, ce ne sera qu'un enjouement passager, sur lequel il seroit imprudent de compter, & dont la Politique ne peut tirer un avantage durable. Cette plante née, pour ainsi dire, dans une terre étrangere, & mal préparée à la recevoir & la nourrir, y mourroit en naissant. L'amour ne s'ordonne point : si vous voulez que le Citoyen aime sa Patrie, ouvrez son ame à cette vertu par la pratique de celles dont je vous parlois hier.

J'y consens, répartit vivement Aristias; mais du moins, Phocion, vous allez placer l'amour de la Patrie au rang de ces vertus ſublimes, d'où découlent tous les biens de la ſociété. Qu'avec la juſtice, la prudence & le courage, il ſoit le terme où la Politique doit nous conduire par la tempérance, l'amour du travail, l'amour de la gloire & la crainte des Dieux. Je vous tromperois par cette complaiſance, reprit Phocion en badinant, & il ne dépend pas de moi de diſpoſer du rang des vertus, comme un maître de celui de ſes eſclaves.

Par la nature des choſes, pourſuivit Phocion, il y a des vertus qui n'ont beſoin que de ſe conſulter elles-mêmes pour agir, & toujours produire le bien; tels ſont la juſtice, la prudence & le courage. Mais d'autres vertus ſont ſubordonnées entr'elles, & c'eſt à la vertu ſupérieure à diriger celle qui lui eſt ſoumiſe. Vous m'allez entendre. La Morale, par exemple, nous ordonne d'être économes, généreux, compatiſſans; mais ces qualités deviendroient autant de vices, ſi elles n'étoient gouvernées par une vertu ſupérieure, la Juſtice. Mon économie ſera criminelle, ſi je manque à ce que la juſtice exige de moi à l'égard

de

de mes proches & de mes Concitoyens. Je ſuis coupable à force de générosité, ſi je prodigue ma fortune à mes amis, aux dépens de mes Créanciers. Je dois plaindre les coupables, les malheureux, mais ſans foibleſſe, pour ne pas leur ſacrifier les Loix & la République. J'en ſuis fâché pour vous, mon cher Ariſtias, il en eſt de l'amour de la Patrie, comme de l'économie, de la générosité, &c. Soumis, comme elles, à une vertu ſupérieure, il doit, comme elles, lui obéir; ou ſes erreurs, loin de ſervir la République, en précipiteront la décadence.

Cette vertu ſupérieure à l'amour de la Patrie (2), c'eſt l'amour de l'humanité. Etendez votre vûe, mon cher Ariſtias, au-delà des murailles d'Athénes. Eſt-il rien de plus opposé à ce bonheur de la ſociété, dont nous recherchons le principe, que ces haines, ces jalouſies, ces rivalités qui diviſent les Nations? La Nature a-t-elle fait les hommes pour ſe déchirer & ſe dévorer? Si elle leur ordonne de s'aimer, comment la Politique ſeroit-elle ſage, en voulant que l'amour de la Patrie portât les Citoyens à rechercher le bonheur de leur République dans le malheur de ses voisins? Faisons disparoître ces frontieres, ces limites qui séparent l'Attique de la Grece, & la Grece des Provinces des Barbares; & il me semble que ma raison s'étend, que mon esprit s'éleve, que tout mon être s'aggrandit & se perfectionne. S'il est doux pour moi de voir que mes Concitoyens veillent à ma sûreté, combien n'est-il pas plus agréable de penser que le monde entier doit travailler à mon bonheur?

Comment s'est-il pû faire que des hommes, qui renoncerent à leur indépendance, & formerent des sociétés, parce qu'ils sentirent le besoin qu'ils avoient les uns des autres; n'ayent pas vû que les sociétés ont les mêmes besoins de s'aider, de se secourir, de s'aimer, & n'en ayent pas conclu sur le champ qu'elles devoient observer entr'elles les mêmes régles d'ordre, d'union & de bienveillance, que les Citoyens d'une même bourgade ont entr'eux? Que la raison est lente à profiter des lumieres de l'expérience, & à secouer le joug de l'habitude, des préjugés & des passions ! Excusons nos premieres Républiques de n'avoir connu pendant long-temps d'autre droit que celui de la force. Sans m'arrêter, Aristias, à vous peindre les mœurs de ces Grecs farouches, avides de pillage, & dont les Capitaines étoient reçus comme des Dieux dans leurs peuplades, quand ils y revenoient chargés de butin, & suivis des esclaves qu'ils avoient faits sur les terres de leurs voisins, il est certain qu'ils aimoient leur Patrie. Ils vouloient sans doute la rendre riche & florissante au dedans, & redoutable au dehors. Mais cet amour aveugle de la Patrie, quel bien leur procuroit-il ? Il ne donna qu'une bravoure plus féroce à des hommes qui n'avoient aucune des vertus qui honorent des êtres raisonnables. Il les porta à des entreprises injustes & violentes. Ces triomphes cruels, dont le vainqueur avoit la stupidité de s'applaudir, ne lui annonçoient que la haine & la vengeance de ses voisins, & des malheurs pour l'avenir. En effet, le doux nom de paix fut ignoré pendant long-temps dans la Grece. On ne vit de toutes parts que des peuples errans & fugitifs ; qui, après avoir été chassés de leurs maisons, y revinrent égorger les conquétans ; chaque jour une nouvelle révolution faisoit périr quelque bourgade de nos Peres.

Ce n'est que lassés & vaincus par leurs malheurs, qu'ils ouvrirent enfin les yeux. Chacune de nos Républiques, toujours incertaine de recueillir dans ses champs les fruits que le Citoyen y avoit cultivés, & toujours à la veille d'être subjuguée & asservie, soupçonna que ses haines, ses jalousies, sa barbarie, pourroient bien ne lui être pas aussi avantageuses qu'elle le croyoit, & comprit qu'il n'y a point d'état qui n'ait besoin de l'amitié de ses voisins. Nous commençâmes alors à faire des traités & des alliances. A mesure que nous apprîmes à distinguer un voisin d'un ennemi, la Grece se poliça, les soupçons & les haines s'éteignirent, on rechercha les devoirs que la Nature impose aux sociétés. Le droit des Nations n'est plus inconnu ; déjà on en découvre quelques Loix, & l'amour de la Patrie, dirigé par quelques principes, & uni à quelques vertus, commença à produire quelque bien.

Amphyction lia par une ligue plusieurs de nos Villes; mais ce n'étoit encore là qu'une ébauche bien imparfaite du bonheur des Grecs. C'est Lycurgue, dont on ne peut jamais assez admirer la sagesse & les lumieres, qui le premier des hommes comprit combien il importe à un Etat, qui veut se mettre à l'abri des insultes de ses voisins, de suivre à leur égard les loix de cette alliance éternelle, que la Nature établit entre tous les hommes. Il voulut que l'amour de la Patrie, jusqu'alors injuste, féroce & ambitieux, fût épuré dans Lacédémone par l'amour de l'humanité. Sa République bienfaisante ne se servant plus de ses forces que pour protéger la foiblesse, & défendre les droits de la justice, mérita en peu de temps l'estime, l'amitié & le respect de toute la Grece, à qui ces sentimens donnerent un goût nouveau pour la vertu.

Les ennemis de Sparte cesserent de la haïr, & rechercherent son alliance. Ses Alliés, dont la reconnoissance n'étoit altérée par aucune crainte, ni même par aucun soupçon, devinrent les appuis & les garans de son repos & de sa sûreté. Les Spartiates, en faisant leur bonheur, firent celui de tous les Grecs. Corinthiens, Thébains, Achéens, Athéniens, &c. nous ne regardions tous comme notre Patrie, que le coin de terre où nous étions nés ; mais bientôt réunis par une bienveillance générale, la Grece devint notre Patrie commune ; & nos Villes, qui n'avoient senti que leur foiblesse & des allarmes au milieu de leurs divisions, formerent une République florissante, & capable de triompher de toutes les forces de l'Asie.

O mon cher Aristias, pourquoi nous croyons-nous étrangers hors des murailles de nos Villes ? Pourquoi ces rivalités, ces haines, ces guerres cruelles ? La Nature avare n'a-t-elle départi aux hommes qu'une foible portion de bonheur qu'il faille conquérir les armes à la main ? Nous n'avons tous qu'à connoître nos vrais intérêts, pour être tous heureux.

S'il est sage à un simple Citoyen,

pourſuivit Phocion, de ſe concilier l'eſtime & l'amitié de ſes compatriotes, n'eſt-il pas plus néceſſaire encore à un Etat d'inſpirer les mêmes ſentimens à ſes voiſins? Le Citoyen peut, à la rigueur, ſe paſſer d'amis, & ne pas craindre des ennemis, puiſqu'il eſt ſous la protection des Loix, & que le Magiſtrat eſt toujours à portée d'aller à ſon ſecours. En eſt-il de même d'une République? Tout ce que les paſſions produiſent chaque jour d'abſurdités, d'injuſtices & de violences entre les différens Peuples, ne prouve-t-il pas combien le droit des Nations eſt une ſauve-garde peu sûre pour chaque ſociété en particulier? L'Hiſtoire n'eſt pleine que de révolutions auſſi ſubites que bizarres. Le peuple le plus ſage, & le mieux gouverné, a encore des momens de langueur, de foibleſſe, de diſtraction & d'erreur; la Ville la plus mépriſable, & qu'on redoute le moins, peut produire par hazard un Epaminondas, prendre un nouveau génie, & ſe rendre redoutable; la Politique, en un mot, ne peut jamais prévoir tous les caprices de la fortune, ni tous les dangers dont elle eſt menacée. Quelque puiſſant que ſoit un Etat, cette idée des écueils dont il eſt entouré, ne doit-elle pas l'effrayer, & lui apprendre qu'il ne peut jouir d'une proſpérité conſtante, ni même ſe ſoutenir long-temps, s'il ne travaille par ſa juſtice, ſa modération & ſa bienfaiſance, à ſe faire des alliés fidéles & zélés ?

Vous voudriez, Ariſtias, acquérir à votre ami l'amitié du monde entier. S'il lui manque quelque vertu, vous voudriez pouvoir la lui donner. Comment croiriez-vous donc qu'un Citoyen aime ſa Patrie, quand il flatte & careſſe ſes vices, & ne cherche qu'à la rendre incommode, ſuſpecte & odieuſe à ſes voiſins ? Si votre ami vous conſultoit ſur les moyens de mériter de la conſidération dans Athénes, & de gagner les ſuffrages du peuple dans les élections ; lui conſeilleriez-vous de paroître un homme ſans foi, d'oublier ſes engagemens, d'uſer en toute occaſion de ſon droit avec rigueur, d'être inſolent & dédaigneux, & de tendre des piéges à toutes les personnes avec lesquelles il traite? Pourquoi donc nos sublimes Politiques conseillent-ils à la République d'avoir à l'égard des Etrangers la même conduite que vous blâmeriez dans votre ami? Se fait-on des amis par des injustices & des injures? Les Républiques n'ont-elles pas la même maniere de voir, de sentir & de juger que les Citoyens?

Sans doute, Phocion, lui dit Aristias, ce seroit un blasphême de penser que les Dieux ayent mis la raison humaine en contradiction avec elle-même, qu'elle pût conseiller, sous le nom de Politique, ce qu'elle défendroit sous celui de Morale. Sans doute que le faux amour de la Patrie a perdu bien des Etats, en ne consultant pas l'amour de l'humanité. Cependant, continua-t-il, en laissant voir la crainte qu'il avoit de se tromper, seroit-ce trahir ma Patrie, si entourée de voisins ambitieux, inquiets & sans foi, je lui conseillois de se servir pour sa défense des mêmes armes dont elle est attaquée? La modération, la justice & la bienfaisance, seront les dupes de l'ambition & de la fraude. D'ailleurs, si je suis né dans une République qui ne possede qu'un médiocre territoire, & qui ne peut armer que peu de bras pour sa défense, ne serois-je pas imprudent de vouloir la retenir dans sa premiere médiocrité, tandis que ses voisins ne travaillent qu'à augmenter leurs possessions & leur fortune? Je dois redouter ces forces accumulées; & il me semble que ce n'est qu'en s'aggrandissant elle-même, que ma Patrie peut prévenir les dangers que je prévois.

Non, mon cher Aristias, lui répliqua vivement Phocion, si mon ennemi m'attaque avec de mauvaises armes, je me garderai bien de quitter les miennes. Quand, après la guerre Médique, nos Orateurs crurent que c'étoit trahir l'honneur & la fortune d'Athénes, que d'abandonner encore à Lacédémone le commandement des armées, & qu'il falloit contraindre nos alliés à être nos esclaves, puisque la mer étoit couverte de nos vaisseaux; supposons que les Spartiates, au lieu de se servir, à notre exemple, de la ruse & de la force, n'eussent employé, pour conserver l'empire de la Grece, que les mêmes vertus par lesquelles ils l'avoient autrefois acquis. Croirez-vous, mon cher Aristias, que cette Politique leur eût été moins avantageuse que la nôtre qu'ils adopterent ? Si on n'avoit pas alors commencé à s'appercevoir de la mauvaise foi de Sparte, & à redouter son ambition, elle nous auroit aisément réduits, en nous débauchant des alliés, que nous irritions contre nous par la dureté de notre conduite. C'est parce que cette République avoit abandonné ses armes pour se défendre avec les nôtres, que les Grecs, incertains & sans régle, tantôt se jetterent dans ses intérêts, & tantôt embrasserent notre défense. De-là des disgraces égales & des succès infructueux pendant près de trente ans. Ce n'étoit point une fortune aveugle & capricieuse dont il falloit se plaindre, c'est à nos vices seuls que nous devions nous en prendre. Lacédémone triompha enfin, mais ce ne fut point par l'ascendant de son gouvernement sur le nôtre ; nous l'aurions de même accablée, malgré notre affoiblissſement, ſi les haſards, qui ſe déclarerent pour elle, s'étoient déclarés pour nous.

Après nous avoir humiliés, elle éprouva un ſort pareil au nôtre. Quelle en fut la cauſe ? Cette même Politique injuſte & frauduleuſe, avec laquelle elle avoit eu tant de peine à nous aſſervir. En reprenant leur ancienne vertu, les Spartiates auroient étouffé promptement l'eſprit de diſcorde & d'ambition que nos querelles avoient fait naître, & recouvré ſans peine leur premier empire. En oppoſant la fraude à la fraude, l'injuſtice à l'injuſtice, la force à la force, ils multiplierent leurs ennemis, & n'eurent plus de régle, ni de principe pour ſe conduire. Si l'ambition & l'injuſtice pouvoient ſe cacher ſous le voile de la vertu, & me dérober leurs manœuvres, je les craindrois ; mais les Dieux ne le permettent pas : elles ſe trahiſſent toujours elles-mêmes ; & dès que je les apperçois, leur art devient inutile. Si mon ennemi eſt foible, qu'ai-je à craindre ? S'il eſt puiſſant, en renonçant à ma modération, dois-je être assez mal habile pour lui fournir un prétexte de m'asservir ? Qu'ai-je à craindre de cette politique artificieuse qui ne veut que tromper, si je sçais attendre patiemment qu'elle ait épuisé ses ruses & ses fraudes, & la réduire à me donner des signes certains de sa bonne foi, avant que de traiter avec elle ?

Si votre voisin acquiert une Ville ou une Province, acquérez une nouvelle vertu, & vous serez plus puissant que lui. Que nous importeroit que Philippe n'eût vaincu, ni l'Illyrie, ni la Péonie, si nous n'étions pas corrompus ? Seroit-il moins redoutable pour nous, s'il n'avoit pas reculé les frontieres de la Macédoine ? Pourquoi, mon cher Aristias, nous effrayer de l'aggrandissement d'un de nos voisins ? S'il asservit un peuple assez lâche pour ne pas défendre avec vigueur son indépendance, quel sera le fruit de cette brillante conquête ? Des poltrons seront-ils plus braves pour servir leur nouveau maître, qu'ils ne l'ont été pour conserver leur liberté ? Il subjuguera, direz-vous, une Nation courageuse. Mais plus il aura de peine à la vaincre, plus il se défiera de son obéissance & de sa fidélité. Pour ne pas craindre ces vaincus indociles, il faudra les humilier, les rendre timides, & se priver, en un mot, des forces qu'on avoit espéré de joindre à celles qu'on possédoit déja. Cyrus, dit-on, lassé des révoltes fréquentes des Lydiens, leur ordonna de porter des manteaux, & de chausser des brodequins; il leur donna des fêtes, & les amollit par l'usage des voluptés. La sublime politique! Eh! grands Dieux! que Cyrus ne laissoit-il les Lydiens en repos. Pourquoi acheter à grands frais, par la guerre, des sujets toujours inutiles, & souvent dangereux; tandis que sans peine, sans inquiétude, sans verser des torrens de sang, la bonne foi, la justice & la bienfaisance, vous acquéreront des alliés & des amis toujours prêts à se sacrifier à vos intérêts?

Que la politique bienfaisante de Lycurgue nous serve de modèle. Si nous aimons notre Patrie, cherchons à lui faire des alliés, & non pas des sujets. Je crois, mon cher Aristias, vous l'avoir dit, il y a quelques jours, l'ordre que l'Auteur de la nature a établi dans les choses humaines, ne permettra jamais que la fraude, l'injustice & la violence, qui ne sont entourées que d'ennemis ou d'esclaves, servent de fondement solide à la puissance d'un Etat. Rappellez-vous ce que nous avons dit. Citez-moi un peuple qui ne se soit pas affoibli, & enfin ruiné par ses conquêtes. Quelle est la Nation que les dépouilles & l'abbaissement des vaincus n'ayent pas corrompue? Babyloniens, Assyriens, Medes, Perses, successivement vaincus les uns par les autres, qu'est-il résulté de tant d'ambition, de tant de guerres, de tant de travaux, de tant de victoires? Une Monarchie maîtresse de l'Asie, & qui n'a pû avec des millions de soldats asservir, ni Athenes, ni Lacédémone, deux petites villes qui n'avoient que de la vertu.

Les grandes puissances qui, en nous effrayant, excitent notre jalousie, sont destinées à succomber sous leur propre poids. C'est que la vigilance & les lumieres des hommes sont trop bornées, leurs passions trop fortes, & leurs vertus trop fragiles, pour qu'une grande Province puisse être sagement (3) gouvernée. Plus la machine du Gouvernement est étendue, moins les mouvemens en seront prompts, rapides, exacts & réguliers. Il est d'autant plus difficile de réprimer dans un grand Empire les passions qui portent à la révolte, ou qui avilissent l'âme, que les Magistrats y sont exposés de leur côté à des tentations trop fortes ou trop fréquentes pour la foiblesse humaine. Il me semble que dans nos villes de la Grece, je pourrois ne manquer à aucun des devoirs de la Magistrature; mais je comprends que si je gouvernois une Satrapie de Perse, il faudroit me contenter de désirer le bien, sans pouvoir le faire. Tous les ressorts du Gouvernement doivent se détendre dans un grand Etat; toutes les loix y sont nécessairement méprisées ou négligées. Tandis que tout peut être nerf, force & action dans une petite République, un grand Empire paroît frappé de paralysie; & voilà pourquoi une poignée de Perses a autrefois conquis l'Asie sur les Medes. Voilà la cause des disgraces de Xercès ; voilà pourquoi nos Peres ont fait trembler ses successeurs jusques dans leur Capitale.

Mon cher Aristias, poursuivit Phocion, j'ai tâché de ramener à des principes fixes & certains, cette science qu'on nomme Politique, & dont les Sophistes nous avoient donné une idée bien fausse. Ils la regardent comme l'esclave ou l'instrument de nos passions ; de-là l'incertitude & l'instabilité de ses maximes ; de-là ses erreurs, & les révolutions qui en sont le fruit. Pour moi, je fais de la politique le ministre de notre raison, & j'en vois résulter le bonheur des sociétés.

Je n'aurois rien à ajoûter aux principes généraux que je vous ai développés, si tous les hommes étoient capables de connoître & d'aimer la vérité. Mais c'est une espérance à laquelle il seroit insensé de se livrer. Quelque part qu'on jette les yeux, on ne voit, & on ne verra éternellement qu'erreurs & que vices. Ce n'est pas le bonheur auquel la Nature nous destine, que les hommes veulent connoître; ils voudroient qu'on leur apprît à être heureux ſelon leurs goûts & leurs préjugés. Puiſque la raiſon, depuis la naiſſance du monde, réclame inutilement ſes droits contre les paſſions, attendons-nous, Ariſtias, qu'elle ne ſera pas plus heureuſe dans la ſuite, & que la jalouſie, la haine & l'ambition, qui ont déja perdu tant de Peuples, de Républiques & d'Empires, exerceront encore leur aveugle fureur ſur les Nations.

Au milieu de cet eſprit de brigandage dont la terre eſt infectée, & que rien ne peut extirper; au milieu des dangers dont tous les peuples ſont menacés, il ne ſuffit donc point à une République de n'avoir rien à craindre de ſes propres paſſions. Il faut qu'elle ſe défie de celles des étrangers, & ſoit en état de les contenir & de les réprimer. La juſtice, la bonne foi, la modération & la bienfaiſance qu'inſpire l'amour de l'humanité, ſont propres, ainſi que vous l'avez vû, à concilier l'eſtime & l'affection des étrangers, & par conſéquent à ſervir de rempart contre leurs paſſions. Mais ce rempart, Ariſtias, n'eſt pas impénétrable à la méchanceté des hommes. Attendez-vous à voir les paſſions s'égarer dans leur yvreſſe, juſqu'à mépriſer & haïr les vertus. Réprimez-les alors par la crainte, c'eſt-à-dire, que la Politique vous fait une loi de ne cultiver la paix, qu'en étant toujours prêt à faire heureuſement la guerre.

Je ſçais qu'un peuple tempérant qui aime le travail & la gloire, & craint les Dieux, aura néceſſairement du courage dans les combats, de la patience dans les fatigues, & de la fermeté dans les revers. Dans chaque occaſion il prendra ſans effort la vertu qui lui ſera la plus utile. Sans doute que toutes ſes forces ſe réuniront dans le danger, & qu'une même volonté fera agir de concert tous les bras. Mais faites attention, Ariſtias, que les qualités d'emprunt, ſi je puis parler ainſi, avec leſquelles on n'eſt pas familiariſé par un uſage journalier, n'ont preſque aucun pouvoir. Si la paix même n'offre pas dans une République l'image de la guerre, ſi les eſprits ne ſont pas accoutumés avec l'idée des périls, ſi les

Citoyens ne ſont préparés par leur éducation à être ſoldats, craignez que la vûe du danger & leur inexpérience ne les conſternent. La crainte eſt une paſſion des plus naturelles au cœur humain, & des plus dangereuſes. Empêchez que l'ame n'y ſoit ouverte ; quand la crainte engourdit les ſens & trouble la raiſon, il n'eſt plus temps d'y rémédier.

Que notre République ſoit donc militaire, que tout Citoyen ſoit deſtiné à défendre ſa Patrie ; que chaque jour il ſoit exercé à manier ſes armes, que dans la ville il contracte l'habitude de la diſcipline néceſſaire dans un camp. Non-ſeulement vous formerez par cette politique des ſoldats invincibles, mais vous donnerez encore une nouvelle force aux loix & aux vertus (4) civiles. Vous empêcherez que les douceurs & les occupations de la paix n'amolliſſent & ne corrompent inſenſiblement les mœurs ; car ſi les vertus civiles, la tempérance, l'amour du travail & de la gloire, préparent aux vertus militaires, celles-ci leur ſervent à leur tour d'appui.

Depuis que notre Gouvernement,

pour favoriser la paresse & la lâcheté, a permis de séparer les fonctions civiles des militaires, nous n'avons ni Citoyens, ni soldats. Des hommes qui croyoient n'avoir plus besoin de courage, ne tarderent pas à ne s'occuper que de plaisirs ou d'intrigues. Leur caractere ne conserva ni force, ni noblesse, & leur voix est cependant comptée dans le Sénat & la Place publique. De-là sont nés tous ces décrets qui nous couvriront d'un opprobre éternel, & une certaine mollesse dans l'esprit national, qui ne permet aucun retour vers le bien. Nos armées ne furent composées que de la lie de la République. Nos soldats comparerent leur sort avec celui des Citoyens riches, oisifs & voluptueux, qui vivoient dans leurs maisons. Ils porterent les armes avec dégoût; la guerre leur parut le dernier des métiers, & ils ne la font depuis que dans l'espérance de piller, & de jouir un jour du fruit de leurs rapines. Comment seroit-il possible de former une pareille milice à cette discipline austere & réguliere, sans laquelle le courage même ſeroit inutile ? Comment parviendriez-vous à donner à ces ſoldats avares & mercénaires les ſentimens de générosité que doivent avoir les défenſeurs de la Patrie ?

Que nos riches Citoyens ſont inſenſés de confier à d'autres qu'à eux-mêmes la garde de la République, & de ne pas prévoir qu'ils s'expoſent à perdre cette liberté, ces richeſſes, cette oiſiveté, ces plaiſirs dont ils ſont ſi jaloux. Chaque jour notre aviliſſement augmente avec notre corruption. Ou nous ſerons enfin vaincus par nos ennemis, ou nous nous détruirons de nos propres mains. Il ne faut pas ſe flatter qu'il régne pendant long-temps un certain accord entre les riches qui ne contribuent qu'avec chagrin aux frais de la guerre, & les pauvres qui la font en murmurant aux dépens de leur ſang. Ils ſe mépriſent déja ſecrettement ; & dès que la méſintelligence aura éclaté entr'eux, leur haine ſera irréconciliable. Si ceux-ci triomphent, ils opprimeront leur Patrie, & lui donneront un tyran pour ſe faire un protecteur qui les enrichiſſe & les venge.

Si les autres, par un hasard difficile à prévoir, acquiérent l'Empire sans se diviser, ils régneront en tremblant ; & pour se delivrer d'une crainte importune, ne voudront avoir qu'une milice mercénaire, toujours redoutable à des Citoyens oisifs, & cependant incapable de servir de rempart à la République (5) contre des ennemis courageux & disciplinés.

On nous parle souvent de Carthage, dont les Citoyens ne sont occupés que de leur commerce & de leurs richesses, tandis que des soldats achetés à prix d'argent, lui ont acquis, & lui conservent l'Empire de l'Afrique. Mais cet exemple ne me rassure pas. Si cette République, mon cher Aristias, m'étaloit ses richesses, son pouvoir, ses armées, ses vaisseaux, comme Crésus fit voir autrefois à Solon les richesses de son trésor, pour lui prouver qu'il étoit l'homme de l'univers le plus heureux ; je répondrois aux Carthaginois : j'ai vû une petite République qui ne couvre point la mer de ses vaisseaux, qui aime sa pauvreté, qui n'a point de sujets, dont tous les Citoyens sont soldats, & je crois son bonheur mieux affermi que le vôtre. S'ils s'indignoient de ma liberté, pourquoi, leur dirois-je, voulez-vous que j'estime une prospérité que mille accidens doivent déranger, & qui ne tient qu'à des circonstances qui ne peuvent subsister? Solon vouloit attendre que Crésus fût mort pour juger de son bonheur. Sans me laisser éblouir par la puissance des Carthaginois, j'attendrai de même, pour juger de leur prospérité, de voir comment ils résisteront aux entreprises de leurs propres armées, si elles ont assez de courage pour se mutiner (6) & se révolter. J'attendrai qu'ils ayent affaire à un ennemi brave, pauvre, & exercé à la guerre. Si, comme Crésus, ils trouvent un Cyrus, s'ils deviennent les esclaves d'un de leurs Généraux, convenez, Aristias, que les Politiques, qui admirent aujourd'hui la sagesse & la prospérité des Carthaginois, seront obligés de changer de langage.

Si cette République a acquis de grandes Provinces, apparemment que les vaincus étoient encore moins braves & moins

moins disciplinés que ses mercénaires. Si elle domine sur ses voisins, sans doute qu'elle a commencé par leur communiquer ses vices. Entre des peuples également vicieux, je ne suis pas étonné que celui qui peut acheter des soldats, ait la supériorité. Mais n'en concluez pas, Aristias, qu'il se gouverne sagement; il est perdu, si un de ses voisins se corrige de quelqu'un de ses défauts. Misérable République qui ne réussit, & ne se soutient que par l'imbécillité & la corruption de ses voisins & de ses ennemis! Ce défaut de Carthage a été le défaut de presque tous les Etats. Au lieu de ne consulter que les besoins essentiels de la société, & de ne chercher que ce qui doit la rendre heureuse dans toutes les circonstances & dans tous les temps; l'imprudente Politique se laisse séduire par des succès passagers. Elle ne s'est presque jamais fait que de fausses régles, & de-là ces révolutions dont tant de Peuples ont été, & seront encore les victimes. Oui, Aristias, je prédis d'avance la chûte des Carthaginois, je la vois; car il y aura éternellement sur la terre quelque peuple toujours prêt à faire la guerre aux Nations qui sont riches ; & jusqu'à présent les richesses qui corrompent les mœurs, ont toujours été le butin du courage & de la discipline.

Que nous sommes loin, s'écria Aristias, des vrais principes de la Politique! L'Histoire de la Grece, & ce qu'on nous raconte des révolutions arrivées dans les Etats qui partageoient autrefois l'Asie, ne prouvent que trop, Phocion, la vérité de votre doctrine, & le malheur de notre situation présente. Accoutumé à entendre dire perpétuellement à nos Politiques que l'argent (7) est le nerf de la guerre, j'ai, je l'avoue, quelque peine à comprendre qu'elle puisse se faire sans occasionner de grandes dépenses. De grace, ajouta-t-il, dissipez tous mes doutes ; apprenez-moi pourquoi je me trompe, quand il me semble que c'est notre pauvreté qui nous met dans l'impuissance d'avoir une flotte, & de soudoyer une armée.

Mon cher Aristias, lui répondit Phocion, ces belles maximes inventées par l'avarice, & que nos Athéniens répétent aujourd'hui par habitude, vous ne les auriez pas entendues, quand nos Peres vainquirent les Perses à Marathon & à Salamine. Regardant alors la tempérance, l'amour de la gloire & du travail, le courage & la discipline, comme le nerf de la guerre & de la paix, ils méprisoient l'argent, & il leur fut inutile. Ils étoient pauvres, & ils eurent une flotte nombreuse pour combattre Xercès; ils la construisirent de la charpente de leurs maisons ils ne payoient point leurs soldats Citoyens, & ils eurent une nombreuse armée de héros.

Non, Aristias, ce n'est point notre pauvreté qui nous empêche aujourd'hui d'avoir une flotte & une armée. N'en accusez au contraire que nos richesses, qui, en s'augmentant, ont inspiré à une partie des Citoyens cette avarice basse & sordide qui n'ose jouir, & livré le reste à la volupté, qui ne sacrifiera jamais son luxe & ses plaisirs aux besoins de la République. Les ressources de la vertu sont infinies plus on les employe, plus elles se multiplient. Quelqu'immenses que soient les richesses, elles s'épuisent. L'amour de la gloire produit des prodiges, parce qu'il remue de grandes ames; l'amour de l'argent ne produit rien que de bas, parce qu'il ne frappe que des ames basses. Si l'argent est aussi puissant que le disent les Athéniens, que n'achetons-nous un Miltiade, un Aristide, un Themistocle, des Magistrats, des Citoyens & des Héros?

Quand Athenes, sous la Régence de Périclès, se fut enrichie des dépouilles des vaincus, & des tributs levés sur nos alliés, il y eut un instant où la République parut avoir acquis un nouveau dégré de puissance & de force. Nos nouvelles richesses n'ayant pas encore eu le temps de détruire nos anciennes mœurs, nous les employâmes généreusement à construire des vaisseaux, & acheter l'amitié de quelques peuples qui commençoient à la vendre, & nous parûmes les arbitres de la Grece. Nos Magistrats, trompés par cette apparence de prospérité, crurent sans doute que les mêmes vertus qui honoroient notre pauvreté, & que notre pauvreté seule soutenoit, seroient encore les économes & les dispensatrices de nos richesses. Ils penserent donc que la République ne pourroit jamais être trop riche ; erreur grossiere. L'or & l'argent, en nous rendant avares, éteignirent bientôt le sentiment de l'honneur & de la générosité, & nous livrerent à tous les vices, en nous faisant aimer le luxe. L'argent devint alors le nerf de la guerre & de la paix, parce que les Athéniens vendirent à la Patrie les services qu'elle recevoit autrefois sans salaire. A quoi nous servirent alors nos richesses dangereuses ? Plus nous en acquérions, plus nos mœurs se dépravoient. Nous avions beau nous enrichir, notre cupidité étoit toujours plus grande que notre fortune. Plus appauvris par nos besoins, qu'enrichis par nos rapines & nos injustices, la République fut pauvre, & éprouva tous les inconvéniens de la pauvreté, parce que ses Citoyens avoient tous les vices de la richesse.

Faites rougir de leur absurdité ces Politiques insensés, qui, pour rendre quelque vigueur à la République expirante, voudroient y attirer tout l'or (8) &

tout l'argent du monde entier. Les aveugles ! ils entreprennent de raſſaſier à force d'argent des paſſions inſatiables ! Nos peres avec dix talens étoient riches, avec deux mille nous ſommes pauvres ; donnez-nous en encore deux mille, & nous nous croirons encore plus pauvres que nous ne le ſommes aujourd'hui. Nous en ſommes déja venus au point de confondre le luxe & le faſte des riches avec la proſpérité de la République. Leur fortune domeſtique qu'il faut ménager, leurs plaiſirs qu'il ne faut pas troubler, voilà les objets ridicules que la politique, déſormais impuiſſante, eſt obligée de regarder comme les vrais beſoins de l'Etat. Augmentez la corruption avec nos richeſſes, & nos maux deviendront encore plus accablans.

La Nature, mon cher Ariſtias, n'a point fait les hommes pour poſſéder des tréſors. Pourquoi des riches, pourquoi des pauvres ? Ne naiſſons-nous pas tous avec les mêmes beſoins ? Elle répand ſes bienfaits avec une libérale économie ; uſons-en avec la même ſageſſe. La loi qui permet qu'il se forme de grandes fortunes dans une République, condamne une foule de misérables à languir dans l'indigence, & la Cité n'est plus qu'un repaire de tyrans & d'esclaves jaloux & ennemis les uns des autres. Essayer d'y faire germer les vertus qui font le bonheur & la force de la société, c'est le comble de la folie. Voilà cependant ce que tentent nos Politiques avides d'or & d'argent; ils jettent des semences d'avarice, de volupté, de mollesse, d'injustice, de fraude, de haine, &c. & ils s'attendent à en voir naître la justice, la tempérance, le courage, la générosité & la concorde.

On vous a dit, Aristias, & on le répéte sans cesse dans Athenes, que l'argent est nécessaire pour faire une longue guerre, ou la porter loin de son territoire; & voilà encore ce qui prouve combien les richesses sont dangereuses. Pourquoi désirer aux hommes qu'ils puissent étendre & perpétuer le fléau le plus redoutable de l'humanité? Tant que la Grece a été pauvre, les guerres de nos Républiques ont été courtes. Nous nous ſommes enrichis, & nos guerres ont été aſſez longues pour allumer des haines éternelles, & rompre tous les liens de cette alliance qui faiſoit notre ſûreté au dedans & au dehors. Si Lycurgue avoit raiſon de dire aux Spartiates : *Voulez-vous être toujours libres & reſpectés : ſoyez toujours pauvres, & ne tentez jamais de faire des conquêtes ;* je vous demanderois de quelle utilité peuvent être ces entrepriſes qu'on fait loin de ſon territoire.

On a des alliés, me direz-vous, que l'injuſtice opprime, & il faut voler à leur ſecours. Sans doute il faut remplir ſes engagemens ; mais que vos mœurs & vos beſoins ſoient ſimples, & partout la terre vous fournira une ſubſiſtance abondante. Quels tréſors avoient les Scythes, quand ils partirent de leurs forêts pour faire la conquête de l'Aſſyrie ? Un arc, des fléches, des javelots, un grand courage, voilà tout ce qu'ils poſſédoient. Qu'on eſtime votre courage & votre diſcipline, & les alliés, dont vous prenez la défenſe, ne vous laiſſeront manquer de rien.

Mais du moins, dit Ariſtias, tandis que les Citoyens tempérans & laborieux aimeroient la gloire & la pauvreté, la République ne pourroit-elle pas avoir un tréſor, qu'elle n'ouvriroit que dans une extrême néceſſité ? Non, mon cher Ariſtias, répartit Phocion ; & ſi vous êtes prudent, vous n'expoſerez point la vertu de vos Citoyens à cette tentation. Pourquoi garder parmi vous cette boëte de Pandore ? Il ne s'agit pas de ſe faire illuſion, & d'aſſocier dans la théorie des choſes inſociables dans la pratique. Défiez-vous avec moi de tous ces tréſors publics. C'eſt une chimere que d'en vouloir former un dans un Etat dont les mœurs ſont dépravées ; quelque ſéveres que ſoient les loix qui veilleront à la garde de ce dépôt, l'avarice trouvera le ſecret de le piller impunément. Dans une République vertueuſe, des Magiſtrats ſenſés ne penſeront jamais que ſa vertu ne lui ſuffiſe pas. S'ils imaginent un tréſor public, c'eſt une marque que la vertu s'altere ; & leur imprudence, au lieu d'affermir l'Etat, en ſappe les fondemens. Soyez ſûr que les

Citoyens ne seront jamais contens de leur pauvreté, quand l'Etat amassera des richesses. J'en ferois, Aristias, une régle générale ; suivant que la Politique s'occupe plus ou moins de trésors, d'argent, de richesses, la République, plus ou moins heureuse, est plus ou moins éloignée du moment de sa ruine.

CINQUIEME ET DERNIER ENTRETIEN.

Des ménagemens dont la Politique doit user, en réformant une République dont les mœurs sont corrompues. De l'usage qu'on peut faire des passions. Différentes maladies des Etats.

QUELS momens heureux nous avons passés dans la maison de Phocion ! Au retour de notre promenade sur les bords du Céphise tant célébré par nos Poëtes, nous prîmes un repas frugal, pendant lequel nous nous entretînmes avec gayeté. Les festins du grand Roi ne valent pas, mon cher Cléophane, les légumes apprêtés sans art par la femme de Phocion. Il plaisanta agréablement sur le luxe de sa table, qu'il comparoit au brouet noir des Spartiates. Quand Aristias, dit-il, sera un peu plus apprivoisé avec la philosophie, je le traiterai véritablement à la Lacédémonienne. Pour aujourd'hui, il faut encore le ménager ; il pourroit trouver très - mauvais ce que Lycurgue auroit trouvé très-bon. Après que Phocion eut fait une espéce de libation aux Dieux tutélaires d'Athenes, & à ses Dieux domestiques, nous passâmes dans son jardin. Je vois votre impatience, dit-il à Aristias, asseyons-nous un moment à l'ombre de ce figuier, avant que de partir pour Athenes ; & puisque vous le voulez, nous reprendrons notre morale & notre politique.

Mon cher Aristias, continua-t-il, vous ne vouliez d'abord que connoître les remédes qu'on peut appliquer aux maux presens de notre République, & vous instruire des ressources que notre situation même nous présente encore pour en sortir ; & cependant j'ai eu la cruauté de ne vous entretenir que des principes fondamentaux de la politique. Ne croyez pas que j'aye voulu vous faire un étalage orgueilleux de philosophie. Si je ne me trompe, il vous est aisé de sentir que sans le secours de ces premieres vérités, qui doivent servir de régle immuable à l'homme d'Etat dans chacune de ses opérations, jamais je n'aurois pû vous rien dire qui eût satisfait votre raison. Je me serois égaré, & je vous aurois égaré à ma suite. Nous n'aurions corrigé une sottise que par une autre sottise; nous aurions imaginé des ressources, des expédiens; & la vraie science de la politique est de n'en avoir pas besoin. Je vous aurois proposé au hasard des palliatifs souvent inutiles, & même capables d'irriter le mal que nous aurions voulu soulager.

Si j'ai réussi à vous convaincre de cette grande vérité, que la Providence a établi une telle liaison entre la morale & la politique, que le bonheur des Etats est attaché à la pratique des vertus, & que leur ruine commence toujours par quelque vice; il vous sera désormais facile de ne tomber dans aucune des fautes que plusieurs grands hommes ont commises. Vous avez une pierre de touche pour juger de la bonté de ces opérations. Vous vous garderez bien d'imiter Thémistocle, qui, pour rendre Athenes maîtresse de la Grece & de la Mer, proposa de brûler la flotte des

Grecs qui hivernoit dans le port de Pégases. Ariſtide jugea que rien n'étoit plus utile aux Athéniens que ce projet, mais que rien en même temps n'étoit plus injuſte. Vous, Ariſtias, vous ſerez actuellement plus ſage que le juſte Ariſtide même; & n'admettant aucune diſtinction entre l'utile & le juſte, le nuiſible & l'injuſte, vous jugerez que rien ne pouvoit être plus pernicieux aux Athéniens que l'entrepriſe injuſte de Thémiſtocle. C'étoit acheter un avantage paſſager, en nous rendant pour toujours odieux à la Grece entiere. Qui auroit oſé compter ſur nous après une pareille perfidie? Qui n'auroit pas déteſté notre alliance, & mépriſé nos ſermens? Les Grecs réunis auroient conjuré notre perte, &, pour ſe venger, ils n'auroient pas craint d'implorer le ſecours de la Perſe même, & de lui demander des vaiſſeaux.

Le décret qu'on propoſe au peuple, eſt-il propre à lui faire aimer quelque vertu, ou à le détacher de quelque vice? Favoriſez cette loi de toutes vos forces, vous êtes sûr de ſervir utilement votre Patrie. Vous condamnerez Agésilas, qui voyant qu'un grand nombre de Citoyens avoit fui à la bataille de Leuctre, & que la République avoit besoin de soldats, fut d'avis de laisser pour cette fois sans exécution la loi qui notoit d'infamie (1) les poltrons. Qu'espéroit-il d'une armée de fuyards ? La lâcheté avoit fait tout le mal; il falloit donc être plus attaché que jamais à la rigueur des anciennes loix qui avoient rendu jusqu'alors les Spartiates invincibles. Favoriser les fuyards, c'étoit ne pas réparer la défaite de Leuctre, & préparer cependant de nouvelles disgraces à Lacédémone.

Après les réflexions que nous avons faites jusqu'à présent, vous pouvez sans peine, mon cher Aristias, vous faire une régle pour juger de l'importance des loix. Celles qui sont les plus propres à tempérer nos passions, & régler les mœurs publiques, sont aussi les plus nécessaires, & doivent être les plus sacrées. Dans aucun temps, dans aucune circonstance, sous aucun prétexte, il n'est permis de les négliger. Je serois bien plus effrayé de voir prendre aux femmes de nouvelles parures, & affecter de nouvelles graces, que je ne le serois de quelque commotion dans la Place publique, ou de l'ambition d'un Magistrat qui voudroit s'élever au-dessus de ses Collégues. Quand les loix des mœurs subsistent, toutes les autres sont en sûreté; mais leur décadence entraîne nécessairement la ruine du Gouvernement.

Quoique tout vice soit pernicieux, comme toute vertu est utile, il faut, lorsqu'on médite la réforme d'une République corrompue, ne pas s'abandonner à un zéle aveugle. Il faut procéder avec une certaine méthode. De même qu'il y a des vertus fécondes qui se prêtent un secours mutuel, & que la politique doit principalement cultiver dans une République qui les possede encore; il y a aussi des vices féconds, & qui servent, pour ainsi dire, de matrice & de foyer à la corruption; & c'est à les proscrire que la politique doit d'abord travailler dans une République corrompue.

A leur tête est ce vice dont je ne sçais

pas le nom, monſtre à deux corps, compoſé d'avarice & de prodigalité, qui ne ſe laſſe jamais, ni d'acquérir, ni de diſſiper, & dont les beſoins toujours renaiſſans, & toujours inſatiables, ne ſe refuſent à aucune injuſtice. S'il eſt foible, & ne ſe montre encore qu'avec quelque retenue, réuniſſez toutes vos forces, & oſez l'attaquer avec courage. Pourſuivez-le juſques dans ſes derniers retranchemens; s'il ne ſuccombe pas, vous n'avez rien fait. Quelle erreur à quelques Républiques de proſcrire le luxe dans le public, & de le tolérer dans le ſein de familles, d'inviter à la modeſtie des mœurs par des loix ſomptuaires, & de les altérer par la pompe des fêtes publiques!

Si ce vice, après avoir corrompu le corps entier des Citoyens, régne avec autant d'effronterie que d'empire, vous ne feriez que l'irriter, & lui préparer une nouvelle victoire en l'attaquant de front. Ruſez alors avec lui, tendez-lui des piéges, agiſſez avec la prudence d'un Général, qui n'oſant livrer bataille à une armée dont il ſent la ſupériorité, l'obſerve, la gêne dans ſes opérations, lui coupe les vivres, & tâche en un mot de la fatiguer & de la ruiner ſans rien haſarder. Ce vice monſtrueux dont je vous parle, en produit mille autres qui ſont autant d'alliés, d'auxiliaires, &, pour ainſi dire, de gardes qui veillent à ſa ſûreté. C'eſt ſur eux que doit tomber votre principal effort. Epiez les circonſtances favorables à votre entrepriſe. Tantôt vous noterez d'une flétriſſure la molleſſe ou la prodigalité, tantôt vous avilirez le luxe, & peut-être parviendrez-vous un jour à faire des réglemens qui, donnant des bornes à l'induſtrie & à l'avarice, feront diſparoître dans la fortune des Citoyens cette diſproportion énorme qui les corrompt tous également, quoique par des vices différens.

En ſuivant, mon cher Ariſtias, dans la culture des vertus, l'ordre que je vous ai indiqué, vous verriez tomber les vices les plus pernicieux à la ſociété; car rien n'eſt plus oppoſé à l'avarice prodigue que la tempérance. L'amour du travail détruira la pareſſe; l'amour de la gloire

& la crainte des Dieux anéantiront cet instinct bas & grossier, qui empêche tout Citoyen vicieux de chercher son bonheur particulier dans le bonheur public.

Mais, il faut l'avouer, il y a des temps où, par sagesse même, il faut renoncer à cette méthode. C'est la vertu dont un peuple est le moins éloigné, & non pas la vertu par elle-même la plus importante ou la plus avantageuse à la société, que la politique doit alors encourager. Par exemple, Aristias, nous avons aujourd'hui une loi qui applique à des représentations de Comédie les fonds destinés autrefois à la guerre, & il est défendu, sous peine de mort, d'en demander la révocation. Il n'y a de louanges à Athénes que pour des décorateurs de théâtre, des comédiens & des joueurs de flûte; des femmes désœuvrées & frivoles ont communiqué leur désœuvrement & leur frivolité à nos jeunes gens; nos Magistrats & leurs Courtisanes font un trafic public du pouvoir de la Magistrature; ils voyent d'un œil indifférent, & peut-être avec joie, les maux de la Patrie, dont ils profitent; le peuple jaloux, & fatigué de son oisiveté, ne veut vivre que des gratifications que lui prodigue l'Etat; il regarderoit un Magistrat honnête homme & éclairé comme un tyran; & ne se croyant libre qu'autant qu'il a la licence de tout faire impunément, vous le voyez dans les élections cabaler contre le mérite, en faveur de l'ineptie qui ne se fait pas craindre. Nous ressemblons tous à cet Athénien qui donna sa voix pour condamner Aristide à l'Ostracisme, parce qu'il étoit las de l'entendre toujours appeller le juste Aristide. Croyez-vous que dans de pareilles circonstances, il fallût révéler aux Athéniens les vérités que j'ai mises sous vos yeux? Les gens mêmes qui gémissent de nos désordres, & désirent encore le bien parmi nous, seroient effrayés de l'espace immense qu'ils auroient à franchir, & tomberoient dans le découragement. Les mauvais Citoyens, à la vûe de la sagesse qu'on leur proposeroit, croiroient qu'en voulant les priver de leurs vices, on leur arracheroit leur bonheur.

Ce que je vous ai dit d'après tous les

Sages de l'antiquité, me feroit passer pour un (2) insensé auprès des uns, & pour un perturbateur du repos public auprès des autres; & quelle espérance, mon cher Aristias, aurois-je alors de réussir? Toute réforme demande donc à être conduite avec une extrême circonspection, & cette circonspection elle-même semble être un nouveau châtiment dont l'Auteur de la nature punit nos vices, & par lequel il nous avertit d'être en garde contre une corruption à laquelle il est si difficile de remédier.

Pour détruire des préjugés, il faut quelquefois pousser la condescendance jusqu'à paroître les adopter. Pour ruiner un vice, il faut feindre quelquefois d'en favoriser un autre. Mais je vous entretiens trop long-temps des ménagemens dont la politique doit alors user; graces à notre corruption, nous n'avons rien à craindre d'un zéle immodéré pour la vertu. Puisque toute vertu est utile, puisqu'il n'y a point de vertu qui ne prépare notre cœur à en recevoir une seconde, essayez à différentes reprises, & sans vous lasser, les dispositions de vos Citoyens. Après un premier ſuccès, n'en perdez pas le fruit, en négligeant d'en avoir un ſecond. Tâchez de reveiller dans les cœurs quelque étincelle de l'amour de la gloire; c'eſt la ſeule de toutes les vertus qui, par le ſecours de la vanité, peut encore ſe montrer au milieu d'une extrême corruption. Tous vos efforts ſeront-ils vains? Il reſte une derniere reſſource à la politique; c'eſt de ſe ſervir des paſſions mêmes pour affoiblir peu à peu, & ruiner leur Empire.

A ces mots, mon cher Cléophane, notre nouvel innitié aux ſecrets de la ſageſſe, ne put s'empêcher de ſoûrire en me regardant. Les paſſions, dit-il, ſont donc quelquefois utiles? Oui, mon cher Ariſtias, lui répartit Phocion, comme ces poiſons que la Médecine convertit quelquefois en remédes. N'importe, reprit Ariſtias; & de tous les moyens de corriger un peuple vicieux, je ſoupçonne que le plus déſagréable n'eſt pas celui d'employer nos paſſions. Je liſois hier, continua-t-il, la *Republique* de Platon; il ne dédaigne pas de regarder les plaiſirs de l'amour comme un reſſort (3) dont la Politique doit ſe ſervir pour animer le courage, & le porter aux actions héroïques. Puiſqu'il peut être l'aiguillon & le prix de la valeur, vous voulez ſans doute, Phocion, que dirigé par une main habile, il contribue à rendre plus aiſée la pratique de toutes les vertus les plus néceſſaires à la ſociété.

Point du tout, répondit Phocion en ſoûriant, & de votre empreſſement à vouloir deviner ma penſée, je conclus, mon cher Ariſtias, que vous n'êtes plus le maître de votre cœur. Quelle autorité, pourſuivit Phocion, venez-vous de me citer? Platon, l'éleve, l'ami de Socrate, le confident de ſes penſées! oſerois-je ne pas me ſoumettre à ſon ſentiment, s'il ne m'avoit appris lui-même dans ſon école, que l'homme le plus ſage paye toujours quelque tribut à l'humanité, & que notre raiſon ne doit ſe ſoumettre qu'à la vérité?

Je le vois, mon cher Ariſtias, vous voudriez que la plus belle femme fût la récompenſe de l'homme le plus brave, le plus juſte & le plus prudent. Mais faites attention combien une pareille loi donneroit de force à une passion déja trop impérieuse, trop ennemie de l'ordre, & qu'on ne sçauroit trop réprimer. Le premier soin de tous les législateurs n'a-t-il pas été de donner des régles à l'amour? Et de-là sont nées chez tous les peuples les loix saintes du mariage. Quoique Platon voulût que les femmes fussent communes dans sa République, combien cependant n'a-t-il pas mis de mœurs & d'honnêteté dans cette espéce de débauche? Son objet même n'est-il pas de dégager le cœur de toute affection particuliere, pour l'attacher plus étroitement à l'Etat? Sans doute que nos peres n'y entendoient rien de ne pas connoître le grand mérite de la prostitution. Ils étoient bien grossiers & bien aveugles. Puisque, malgré leurs bonnes mœurs, ils n'ont pas laissé de faire d'assez belles choses à Marathon, à Salamine, à Platée, j'ai regret que Thémistocle & Pausanias n'ayent pas fait publier à la tête de leurs armées, qu'au lieu des récompenses insipides dont on honoroit parmi nous la valeur, le plus brave des

Grecs

Grecs auroit le privilége d'enlever à son gré la plus belle des Grecques. Que tardons-nous à proposer cet admirable expédient ? Nos soldats préparés par des idées de galanterie & de débauche à être laborieux, infatigables, disciplinés, obéissans, triompheroient bien aisément des soldats de Philippe, qui a la sottise de vouloir qu'il y ait des mœurs dans son camp.

Pour nos Aréopagites & nos Sénateurs, il est évident qu'en leur donnant, à proportion de leur mérite, quelque droit sur la pudeur des femmes, ce seroit un moyen infaillible de les rappeller à cette intégrité majestueuse qui doit former le caractere des Magistrats. Sans doute que le temps qu'ils employent aujourd'hui à corrompre & séduire de jeunes beautés, seroit désormais consacré au service de la République, & qu'une sage émulation.....Mais parlons sérieusement, mon cher Atistias ; est-il possible qu'on connoisse assez peu les effets de la volupté, qui amollit le cœur, & énerve l'esprit & le corps, pour vouloir en faire le principe de la prudence & de la magnanimité ? Ne ſçait-on pas combien les plaiſirs qui tiennent à nos ſens, ſont inconſtans, combien ils raſſaſient & laſſent ? Il y a un âge où ils ſont inconnus, & un autre où ils ſeroient laborieux ; & dans l'intervalle de ces deux âges, l'amour eſt une yvreſſe qui trouble preſque continuellement la raiſon.

C'eſt par les paſſions qui tiennent immédiatement à nos ſens, que nous ſommes rabaiſſés à la condition des animaux ; elles ne peuvent donc jamais être honorées par des êtres intelligens, & on ne les rend honnêtes qu'en les ſoumettant aux loix de la raiſon. J'excuſe la jeuneſſe qui s'égare, chaque âge a malheureuſement ſes infirmités ; mais je veux qu'au lieu de s'applaudir au milieu de ſes erreurs, & de vouloir les annoblir, elle ait le courage de les déſapprouver. Je veux que la raiſon conſerve ſa liberté, & que mettant de l'honnêteté juſques dans les choſes deshonnêtes, elle rougiſſe des beſoins des ſens.

Je n'ignore pas que l'eſpérance des voluptés a quelquefois produit de grandes choſes. Je ſçais que les Scythes conquirent autrefois l'Aſſyrie pour avoir des palais ſomptueux, des liqueurs délicieuſes & des femmes parfumées ; & je ne ſuis pas étonné que ces paſſions brutales ayent donné à un peuple encore ſauvage de la valeur & de l'audace. Mais les mêmes eſpérances auroient-elles donné les mêmes qualités à un peuple déja amolli par les plaiſirs ? Remarquez d'ailleurs, Ariſtias, que dès le moment où ces paſſions commencerent à jouir du prix de leur victoire, les Scythes courageux devinrent auſſi mols, auſſi lâches que les peuples qu'ils avoient vaincus, & que ces paſſions ne leur donnerent aucune des vertus qui font le Citoyen. L'amour des voluptés en fit, ſi vous voulez, des héros ; la jouiſſance de ces mêmes voluptés en fit des hommes incapables de conſerver leurs conquêtes. Chaſſés ou égorgés par leurs eſclaves, leur Empire dura à peine cinq Olympiades.

Le bien paſſager que ces paſſions peuvent produire, eſt trop douteux & trop court ; le mal qui les ſuit eſt trop certain & trop durable, pour que la Politique doive jamais en faire usage. Je ne vous citerai que l'exemple de Cyrus. Ce Prince régnoit sur un peuple tempérant, sobre, actif, laborieux. Les vices qui depuis long-temps avoient inondé l'Asie, sembloient avoir respecté la petite Province, qui portoit alors le nom de Perse. Cyrus ne connut point son bonheur. Trompé par une malheureuse ambition, ou ne sçachant peut-être pas que ce n'est ni l'étendue des Domaines, ni le nombre des Provinces, qui font la grandeur du Prince & la sûreté de sa Nation, il voulut avoir la gloire d'être le fondateur d'une puissante Monarchie. Il présenta à ses Sujets les richesses, l'abondance & les voluptés des Royaumes voisins, comme le prix de leur courage & de leurs conquêtes. Tout fut vaincu ; mais à peine Cyrus eut-il soumis l'Asie, que la récompense qu'il avoit accordée à la valeur de ses soldats, l'éteignit. Il vit les Perses, autrefois vertueux & pleins d'amour pour la gloire, s'efféminer & languir dans la mollesse. *Si nous ne songeons*, leur dit-il alors, *qu'à accumuler richesses sur ri-*

chesses, si nous nous livrons témérairement aux voluptés, & pensons que l'oisiveté & la paresse doivent être le prix de nos travaux, & peuvent nous rendre heureux, nous ne tarderons pas à perdre ce que nous avons acquis. L'avis de Cyrus étoit sans doute très-sage, mais le temps étoit arrivé où il devoit être puni de son ambition, & des moyens imprudens qu'il avoit employés pour la satisfaire. Ses Sujets, corrompus d'abord par l'espérance, & ensuite par la jouissance même des voluptés, n'étoient plus en état de l'entendre. Il fit des efforts inutiles pour les rappeller à leur ancienne vertu; & au lieu de ce titre de fondateur d'une Monarchie puissante & florissante qu'il croyoit mériter, il vit avec chagrin qu'il n'avoit été que le corrupteur des Perses, & ne laissoit à ses successeurs qu'un Empire bien moins solidement affermi que celui qu'il avoit reçû de ses peres.

Ce sont les passions de l'ame dont la Politique peut se servir, parce qu'elles naissent avec nous, ne meurent qu'avec nous, ne se lassent point, & qu'on peut en quelque ſorte leur donner la teinture de la vertu. Telles ſont l'envie, la jalouſie, l'ambition, l'orgueil, la vanité. Ces paſſions ſont hideuſes par leur nature; elles préparent l'ame à être injuſte, & abandonnées à elles-mêmes, elles ſe portent aux excès les plus odieux. Cependant elles deviennent quelquefois entre les mains de la Politique, émulation, amour de la gloire, prudence, fermeté, héroïſme; mais pour voir opérer ces miracles, il faut que les Citoyens ne ſoient pas entiérement corrompus par l'avarice, la pareſſe, la volupté & les autres vices qui aviliſſent l'ame. Craignez, mon cher Ariſtias, de hâter la ruine de la République, en vous ſervant de ces paſſions, ſi vous ne trouvez auparavant l'art de leur inſpirer une ſorte de pudeur, & de les aſſocier à quelque vertu qui les tempere & les dirige.

Un Médecin habile n'applique pas le même reméde à tous les maux. Le Pilote d'un vaiſſeau déploye ou reſſerre tour à tour ſes voiles. Tantôt il fuit la côte, tantôt il s'en approche. Là il jette l'ancre, ici il marche la sonde à la main, ailleurs il s'abandonne aux vents. De même l'homme d'Etat conforme toujours sa conduite à la différence des situations où il se trouve. Il sonde les playes de sa République; plus attentif à la malignité des simptômes de chaque maladie, qu'aux accidens plus ou moins violens qu'elle produit, il désespere quelquefois du salut de la Patrie, quand les Citoyens sont encore dans la plus parfaite sécurité.

Les maladies, qui au premier coup d'œil paroissent les plus effrayantes, ne sont pas toujours les plus dangereuses. Quand on voit un Etat divisé par des partis, des cabales, des factions, l'imagination en est ordinairement allarmée; on croit qu'il touche au moment de sa ruine; on croit que les Citoyens vont prendre les armes & s'égorger, ou que leur ville va devenir la proye de quelque ennemi étranger. Mais ne craignez rien, si les Citoyens ont des mœurs; s'ils aiment la tempérance, le travail & la gloire, s'ils craignent les

Dieux, ſoyez sûr que la Juſtice leur eſt encore chere, que leurs paſſions ſeront prudentes, & que la République eſt encore aſſiſe ſur de ſolides fondemens. Des hommes qui ne ſont pas abandonnés à des vices groſſiers, ne ſe porteront point aux dernieres extrémités. Leur ville ne leur ſervira point de champ de bataille, quoiqu'ils paroiſſent furieux. Ils ſont ennemis, mais Citoyens, & ils ſe réuniront pour agir de concert, ſi un Etranger oſe les attaquer ; ſoyez même convaincu qu'ils ſe laſſeront à la fin de leurs déſordres, & y chercheront eux-mêmes un remede.

Tel a été le ſort de nos peres, vertueux comme par inſtinct, avant que d'avoir ſçu établir parmi eux des Loix propres à contenir les Citoyens dans les bornes de la ſubordination, & affermir l'autorité des Magiſtrats ſans qu'ils en puſſent abuſer ; les habitans de la ville, de la côte & de la montagne paroiſſoient tous les jours prêts à en venir aux mains pour décider à qui appartiendroit la puiſſance (4) ſouveraine,

& jamais cependant la Place publique ne fut souillée de leur sang. Nos peres se lasserent à la fin de cette situation, & tant les haines étoient alors honnêtes & généreuses, chaque parti sacrifia ses espérances & son ressentiment au bien public. On convint de demander des Loix à Solon, & on promit d'y obéir. Qu'il étoit facile alors d'appliquer un reméde efficace aux maux de la République ! Si notre Législateur, d'un caractere trop foible & dont les lumieres étoient bornées, eût été un Lycurgue, nous serions aujourd'hui heureux ; & la Grece, dont nous n'aurions pas troublé la paix & l'union, seroit florissante.

En voyant passer nos peres sous le joug de Pisistrate, on auroit eu tort de désespérer de la République. Des mœurs austeres & mâles devoient servir de ressource contre la tyrannie. Le mal étoit grand, mais les esprits étoient capables de supporter un plus grand reméde. Le courage vertueux des Atheniens s'indigna de la servitude. La République, dont toutes les parties étoient saines, en faisant un effort pour chasser le Tyran, rompit aisément ses chaînes, & reparut plus libre que jamais. L'amour de la Patrie prit une nouvelle force, & nos peres firent des prodiges de valeur & de magnanimité.

Je ne me lasserai point de vous le redire, mon cher Aristias, la Politique juge des maladies par les mœurs, comme la Médecine par le poulx. Quoique Pisistrate fût un Tyran tel que le donnent les Dieux dans leur colere, c'est-à-dire qu'il craignît de se rendre odieux par des violences, qu'il déguisât avec adresse le joug qu'il vouloit imposer, qu'il agît avec une feinte douceur, & se cachât sous le masque de la justice & du bien public, il ne put ni tromper ni lasser la fermeté & le courage de notre République. Quoique les trente Tyrans auxquels Lysander nous condamna d'obéir, fussent au contraire des monstres odieux, quoiqu'aucun droit ne fût sacré pour eux, quoiqu'ils répandissent des torrens de sang, quoiqu'en un mot leurs excès abominables dûssent porter nos peres au désespoir, & leur inſpirer quelque vertu : Athenes opprimée & malheureuſe ne ſçut que pleurer & trembler. C'eſt qu'alors, Ariſtias, nous n'avions plus de mœurs ; c'eſt que Périclès nous avoit amollis par l'oiſiveté, la pareſſe & l'uſage des plaiſirs ; c'eſt que chaque Citoyen, accablé dans ſa maiſon d'une foule de beſoins inutiles, n'avoit plus de Patrie.

Il fallut que Traſibule exilé, proſcrit, fugitif, vînt briſer nos chaînes ; mais n'ayant pas conjuré contre nos vices comme contre nos Tyrans, nous fumes incapables de profiter de la révolution que ſon courage avoit produite. Que nous ſervoit de reprendre notre ancien Gouvernement, quand nos mœurs corrompues en avoient relâché & rompu tous les reſſorts ? O Traſibule, que ta gloire ſeroit grande, ſi par un ſecond bienfait tu avois mis ta Patrie à portée de profiter du premier ! Il falloit armer ton bras contre nos vices, & nous arracher à nos voluptés, pour nous rendre dignes d'être libres.

Le dernier terme des maux d'une République, c'eſt, pourſuivit Phocion, quand les Citoyens ſont familiariſés avec la honte, & que couverts tranquillement d'ignominie, la gloire ne leur paroît qu'une vaine chimere. Une philoſophie criminelle fait-elle regarder en pitié un héros & même un ſimple honnête homme? Comptez, mon cher Ariſtias, que tout eſt perdu. La République ne ſera pas agitée par des commotions violentes, parce qu'on n'y a même plus de ces vices qui ſuppoſent une ſorte de force & d'élévation dans l'ame; craignez ce calme perfide. La vérité n'eſt plus dans les cœurs, le menſonge eſt dans toutes les bouches. Un vil intérêt n'eſt pas ſeulement la regle des actions des Citoyens, il eſt même l'ame de leurs penſées. Vous verrez les Magiſtrats ſe tendre mutuellement des piéges. Vous verrez l'ambitieux ne travailler qu'à décrier ſon Concurrent par des calomnies, vouloir perdre ſes Rivaux, mais ne pas ſe donner la peine de valoir mieux qu'eux. En un mot les vices les plus bas ont jetté les eſprits dans une létargie mortelle, qui ne laiſſe aucune eſpérance de ſalut.

A ces mots, mon cher Cléophane, qui nous préſentoient un tableau de notre ſituation préſente, nous tombâmes, Ariſtias & moi, dans une profonde conſternation; nous crûmes entendre prononcer un arrêt de mort contre notre Patrie. Je frémiſſois en me voyant dans un abîme ſans iſſue, & d'où je ne pouvois me faire entendre ni des Dieux ni des hommes. Phocion lui-même, comme effrayé de la peinture trop fidelle qu'il avoit faite de nos vices, avoit interrompu ſon diſcours; & laiſſant tomber ſes regards à ſes pieds, après les avoir élevés au ciel, paroiſſoit plongé dans une rêverie lugubre. Mille idées accablantes s'offroient avec rapidité à mon eſprit. Nous ſommes perdus, me diſois-je! O Athenes, ma chere Patrie, tu cours toi-même à ta ruine! Quelle main aſſez puiſſante te retiendra ſur le penchant du précipice qui eſt ouvert ſous tes pas? Minerve, viens à notre ſecours. Non, c'en eſt fait, les Dieux ſont ſourds; nous avons laſſé leur patience.

O Phocion, Phocion, s'écria Ariſtias, toucherions-nous irrévocablement à notre terme fatal? Les Dieux ont-ils ordonné qu'il n'y ait plus d'Athenes? Une ville toute pleine des monumens élevés à la gloire de nos peres, une ville qui possede encore Phocion, seroit-elle condamnée à n'être plus qu'un amas de ruines, ou à ne nourrir dans son sein que des esclaves faits pour obéir à des Etrangers? Nos vices sont grands; ils sont énormes; mais la clémence des Dieux n'est-elle pas infinie? Nous puniroient-ils jusqu'à vouloir que Philippe ..... Non, Phocion, non les Dieux ne le voudront pas. Les Athéniens ont-ils plus de vices & d'erreurs que je n'en avois il y a six jours? Pourquoi ne feroient-ils pas, comme moi, un retour sur eux-mêmes? Après avoir rappellé dans mon cœur l'amour de la vertu, au nom des Dieux, Phocion, au nom de notre chere Patrie, rappellez-y encore l'espé-

Aristias, répondit tristement Phocion, ce seroit vous flatter, ce seroit vous donner cette sécurité aveugle qui n'eſt déja que trop commune dans Athenes, & dont les Dieux frappent les Républiques qu'ils veulent perdre ſans retour. Quand un Tyran s'éleveroit parmi nous, & voudroit, en nous foulant aux pieds, qu'il n'y eût d'or, d'argent, de luxe & de voluptés que pour lui; nos ames, mollement effarouchées par la perte même de nos plaiſirs, ne reprendroient pas aſſez de vigueur pour ſortir de leur léthargie. Il n'eſt plus temps d'eſpérer, ſi un Lycurgue (5) ne nous fait une ſainte violence, & ne nous arrache par force à nos vices.

Je voudrois, mon cher Cléophane, que vous euſſiez été témoin des ſentimens que le diſcours de Phocion faiſoit naître dans le cœur d'Ariſtias. Je voyois avec plaiſir que ſes yeux s'enflammoient; tour à tour il les élevoit au ciel & les portoit ſur Phocion. Ses penſées ſe préſentoient en déſordre à ſon eſprit, & il ne parloit que par paroles entrecoupées. Que ne puis-je . . . . ? O Lycurgue . . . Je tenterois . . . J'oſerois . . . . Le ſalut de la Patrie n'eſt pas encore déſeſpéré . . . . Vous, Phocion, ajouta-t-il en lui baiſant avec tendreſſe les mains, par pitié pour vos malheureux Concitoyens, empêchez-les de périr. Soyez notre Lycurgue. Pourquoi ne feriez-vous pas aujourd'hui dans Athenes, le miracle qu'il fit autrefois dans Lacédémone ? Ce Légiſlateur, à qui la Grece a dû ſix ſiécles de proſpérité, l'honorerions nous aujourd'hui comme le plus ſage des hommes, s'il n'avoit eu le courage de faire violence aux Lacédémoniens en faveur de la juſtice & des bonnes mœurs ? Conjurez, à ſon exemple, le ſalut d'Athenes. La vertu n'eſt pas encore éteinte dans tous les cœurs. Parlez, que faut-il faire ? L'amitié de Nicoclès vous ſecondera ; je ne craindrai aucun danger. Vous trouverez encore, comme Lycurgue, trente Citoyens capables de vous ſeconder ; mais je ne vous ébranle pas. Votre reſpect pour des Loix qui n'exiſtent plus, vous retient-il ? Craignez-vous d'uſurper un droit ? . . .

Non non, mon cher Ariſtias, lui répondit Phocion, je le ſçais, on n'eſt point un tyran, quand on n'uſurpe une autorité courte & passagere que pour rétablir & affermir la liberté publique. Quand la Loi regne, tout Citoyen doit obéir; mais quand par sa ruine la Société est dissoute, tout Citoyen devient Magistrat; il est revêtu de tout le pouvoir que lui donne la justice, & le salut de la République doit être sa suprême Loi. Trasibule mérita une gloire immortelle pour nous avoir affranchis du joug de trente Tyrans. N'en doutez pas, on lui seroit supérieur en nous délivrant de la tyrannie de cent passions bien plus cruelles que Critias.

Mais vous ne connoissez pas encore tous nos maux. En vous parlant des différentes maladies dont une République est affectée, je ne vous ai pas encore dit, mon chere Aristias, que des circonstances, en quelque sorte étrangeres à cette République, peuvent rendre sa situation beaucoup plus déplorable; elle peut avoir à craindre à la fois ses vices & ceux de ses voisins. Ce qui redouble en effet mes allarmes pour notre Patrie, c'est que je vois toutes les villes de la Grece méditer leur ruine mutuelle, tandis que nous avons à nos portes un ennemi ambitieux & redoutable, qui n'attend qu'un prétexte pour prendre part à nos affaires, & nous accabler. Craignons de servir son ambition, en voulant sauver notre République. Une révolution telle que celle que Lycurgue fit autrefois à Lacédémone, ne peut s'exécuter sans causer une extrême agitation dans les esprits. A l'approche des bonnes mœurs, quelle résistance ne feroient pas nos Citoyens corrompus? Enhardis par la protection de nos voisins jaloux & inquiets, vous les verriez crier à la tyrannie, & porter leurs plaintes dans toute la Grece & la Macédoine. Philippe, sous prétexte de protéger une partie des Citoyens, & de nous rendre la paix, se porteroit dans l'Attique. Ses pensionnaires, ses amis & les ennemis de la vertu lui ouvriroient nos portes, & il ne manqueroit pas de favoriser le parti de l'injustice & des mauvaises mœurs, pour se rendre nécessaire, & jetter les fondemens de sa domination sur Athenes.

Foibles & corrompus au dedans, menacés au dehors, nous devons nous faire une politique convenable à notre situation ; elle est telle qu'un remede trop actif causeroit nécessairement notre perte. Il faut d'autres temps, d'autres circonstances pour nous corriger, & je prie les Dieux de les amener ; ils les ameneront, Aristias. Cette puissance Macédonienne qui nous effraye, ne porte que sur une base fragile. En attendant que la Macédoine rentre dans l'obscurité d'où Philippe l'a retirée, ne songeons qu'à notre conservation. Contentons-nous de ne pas périr. Au défaut de toute autre vertu, ayons au moins de la modestie & de la prudence. Que je crains l'éloquence emportée de Demosthene ! S'il nous retiroit par malheur de notre assoupissement, s'il nous portoit, dans un moment d'yvresse ou d'indignation, à déclarer la guerre à la Macédoine, nous serions perdus. Les efforts inutiles qu'il a faits pour réveiller en nous quelque sentiment de vertu, ne devroient-ils pas l'avoir convaincu que nous ne pouvons avoir qu'un accès de colere, & que nous ne sommes pas même assez heureux pour conserver long-temps cette passion ? Tout ce qui demande du courage, de la prudence & quelque tenue, seroit téméraire pour nous.

C'est le propre des passions de se montrer & d'agir quelquefois avec une espece d'enthousiasme. Les poltrons, les avares, &c. ont des momens de courage & de prodigalité ; mais il faut s'en défier. Plus une passion sort avec violence de son caractere, plus elle est prête à y rentrer. Pour compter sur nos passions, il faut qu'éteintes & rallumées à plusieurs reprises, elles ayent laissé à notre ame le temps de contracter des habitudes. Des habitudes nouvelles sont fragiles, des épreuves médiocres & souvent répétées les fortifient ; mais de trop grands obstacles les détruisent. Je conclus de-là que dans ce moment nous ne pouvons même tirer aucun secours de nos passions. La fortune, dit-on, peut nous être favorable ; mais il n'appartient qu'à une République vertueuse d'espérer des hasards heureux, & de sçavoir profiter des faveurs de la fortune. Je le dis sans cesse aux Athéniens, vous n'êtes plus ce peuple qui triompha autrefois des forces de l'Asie. Je m'oppose sans cesse à la politique téméraire de Demosthene; je conseille la paix, parce que la guerre causeroit notre ruine. Connoissons nos forces, ou plutôt notre foiblesse; & puisque nous ne sommes pas les plus forts, ayons du moins la prudence d'être amis de ceux qui le sont.

Phocion se tut après avoir prononcé ces dernieres paroles d'un ton plus bas que le reste de son discours; il s'arrêta un moment, en attachant ses regards sur Athenes, dont nous approchions, & ses yeux se remplirent de larmes. Mon cher Cléophane, que les pleurs d'un grand homme sont éloquens! Vous êtes jeune, Aristias, reprit Phocion, & veuillent les Dieux que vous ne soyez pas témoin des malheurs qui menacent notre Patrie. Quelque soit l'avenir, armez-vous d'une sage constance, n'abandonnez jamais la République; servez-là dès aujourd'hui, en donnant l'exemple des bonnes mœurs à une jeunesse effrenée, qui devroit faire l'espérance de la Patrie, & qui en fait le désespoir. Si un jour vos conseils sont écoutés, si vous prenez un jour en main le gouvernail de ce vaisseau qui fait eau de toute part, ne songez à vous éloigner du port, ne vous exposez en pleine mer, qu'après vous être radoubé. Si les Dieux ramenent des circonstances plus heureuses; si nous n'avons plus à craindre que nous-mêmes; si nous nous lassons enfin de nos vices; si le ciel permet qu'un jour vous puissiez être le Lycurgue d'Athenes, rappellez-vous, mon cher Aristias, les conseils que vous donne mon amitié.

Ayez toujours devant les yeux que sans les mœurs, les loix sont inutiles; on n'y obéira pas. N'oubliez jamais que ce sont les vertus domestiques qui font les mœurs publiques. Soyez persuadé que la vertu seule peut rendre un Etat constamment heureux & florissant. L'ambition, l'injustice, l'intrigue, l'artifice, les richesses, la force, la violence peuvent procurer quelque succès; mais il eſt paſſager, & les ſuites en ſont toujours funeſtes. En partant de ces principes, vous éprouverez, Ariſtias, que la Politique eſt une ſcience ſûre & facile. Si vous les abandonnez, vous verrez les obſtacles renaître ſans ceſſe les uns des autres. Quand la Politique eſt occupée au dedans à combattre, tantôt un vice & tantôt un autre, qu'il faut qu'elle trompe le Citoyen ou le gouverne par la crainte; n'eſt-il pas impoſſible qu'elle puiſſe ſuffire aux beſoins de la Société? Si au dehors elle eſt obligée de juſtifier une premiere violence par une ſeconde, de cacher une fourberie par une nouvelle fraude, de réparer un menſonge par un menſonge, un Dieu pourroit à peine débrouiller le cahos dans lequel elle ſe trouve bientôt enveloppée. N'oubliez rien; tentez tout pour corriger la République de ſes vices; ne perdez pas un inſtant, le péril eſt preſſant, ſi quelqu'un de vos ennemis a déja commencé à prendre l'habitude de quelque vertu. J'ai tremblé pour la Grece; j'ai été plus inquiet que jamais ſur le ſort d'Athenes, quand j'ai vû que l'ambition habile de Philippe accoutumoit les Macédoniens à la sobriété, au travail, à la patience & à la discipline.

La République est-elle parvenue à aimer ses devoirs? Tâchez de les lui faire aimer encore davantage. Ne vous reposez point, car les passions que vous avez à combattre ne se reposent jamais. On n'est jamais assez vertueux, parce qu'on n'est jamais trop heureux. Qui s'arrête dans le chemin de la vertu, a déja reculé sans s'en appercevoir. N'attendez pas qu'il se soit formé une maladie dans l'Etat, pour y apporter un remede, peut-être qu'en naissant elle seroit déja incurable. Tâchez de la prévenir, quelque symptôme l'annonce toujours. Soyez sûr que nos plus grands ennemis nous les portons en nous-mêmes, ce sont nos passions. Si vous n'en connoissez pas la marche sourde & tortueuse, vous serez surpris comme un Général qui néglige de s'instruire des mouvemens de son ennemi. Si vous n'étudiez pas leur langage artificieux, elles vous parleront, mon cher

cher Ariſtias, & vous croirez entendre la voix de la raiſon. Si vous ne devez l'alliance de vos voiſins qu'à des intrigues, cette alliance ſera fragile & toujours douteuſe. Ne comptez ſur vos Alliés qu'autant que vous leur aurez fait du bien, & qu'ils ſe confieront à votre juſtice & à votre courage. Aimez & faites, en un mot, le bien de tous les hommes, ſi vous aimez votre Patrie, & voulez la ſervir utilement.

Voilà, Ariſtias, ce que j'avois à vous dire ſur les principes fondamentaux de la Politique ; elle exige ſans doute pluſieurs autres connoiſſances dans l'homme d'Etat, & vous devez vous hâter de les acquérir On ne ſçauroit trop connoître les loix & les mœurs de ſon Pays, de ſes Alliés, & en général de tous les Peuples dont on peut eſpérer ou craindre quelque choſe. Le commerce des hommes vous apprendra à traiter avec eux ; n'eſpérez pas cependant que votre expérience ſeule vous puiſſe donner toutes les lumieres dont vous aurez beſoin. Si vous ne ſçavez que ce que vous aurez vû, vous ſentirez à chaque inſtant le poids de votre ignorance, à moins qu'une préſomption extrême ne vous trompe. C'eſt en étudiant dans l'Hiſtoire les cauſes des événemens heureux & malheureux, que vous acquerrez des connoiſſances sûres. Le paſſé eſt une image, ou plutôt une prédiction de l'avenir. Comptez les vertus & les vices d'un Peuple; & comme Jupiter, qui, ſelon les Poëtes, a peſé dans ſes balances d'or la deſtinée des Républiques & des Empires, vous ſçaurez les biens & les maux auquels il doit s'attendre.

Vous ne ſerez point un bon Citoyen, mon cher Ariſtias, ſi dès à préſent vous ne vous préparez à être un jour un excellent Magiſtrat. N'aſpirez jamais à un emploi, que vous n'ayez acquis auparavant les connoiſſances néceſſaires pour le bien remplir. Il n'eſt plus temps d'apprendre quand il faut exécuter; & ſi on exécute ſans être inſtruit, on n'a d'autre guide que la routine, qui ſe laiſſe entraîner au cours des événemens. Voulez vous remplir votre Magiſtrature avec gloire? Tâchez de connoître les devoirs de vos Collégues & de tous les Magiſtrats qui partagent avec vous l'adminiſtration de la République. Qui ne connoît qu'une branche du Gouvernement, l'adminiſtrera mal. N'ayez avec eux qu'un même intérêt, & n'exigez jamais, par orgueil, qu'ils ſacrifient les Parties dont ils ſont chargés à celle qui vous eſt confiée. Enfin, mon cher Ariſtias, conſervez précieuſement votre réputation. Il ne ſuffit pas que le Magiſtrat ſoit homme de bien, il faut même que ſa vertu ne puiſſe être ſoupçonnée. Si le Peuple vous croit juſte, ſoyez sûr que les Loix, dont vous ſerez le Miniſtre, auront une force infinie entre vos mains, & qu'il vous ſera aiſé de travailler au bonheur public.

FIN.

REMARQUES SUR *LES ENTRETIENS* DE PHOCION.

PREMIER ENTRETIEN.

(1) AVANT la guerre du Péloponese, les villes de la Grece, libres & indépendantes, mais unies par des alliances & des sermens, à peu près comme le sont aujourd'hui les Cantons Suisses, formoient une République fédérative. Malgré les différends qui s'élevoient quelquefois entre les Alliés, les Grecs croyoient que la Nation entiere n'avoit & ne pouvoit avoir qu'un même intérêt, & ils ne regardoient pas comme de véritables guerres les hostilités qu'ils faisoient les uns contre les autres. C'est ce qui faisoit dire à Platon : *Aio equidem Græcos omnes inter se propinquos esse genere atque cognatos, à Barbaris autem diversos atque extraneos... Quoties igitur Græcia adversus Barbaros, vel contra Græcos Barbari ipsi pugna-*

bunt, bellum gerere asseremus, & hostes esse natura, & has inimicitias bellum vocabimus. Quando verò Græci adversus Græcos insurgunt, dicemus eos natura quidem amicos esse, morbo autem laborare in hoc Græciam, & seditionibus agitari, & seditionem has inimicitias appellabimus. Plat. in Rep. L. 5. La guerre du Péloponese, entreprise par des vûes d'ambition, & soutenue pendant près de trente ans avec la plus grande opiniâtreté par les Atheniens, les Spartiates, & leurs Alliés, rompit tout lien entre les Grecs. On ne prit plus les armes pour se venger simplement d'une injure & exiger une réparation, mais pour détruire son ennemi, asservir ses voisins, & dominer sur la Grece entiere. Si Platon appelloit encore ces guerres cruelles des *séditions* ou des *émeutes*, c'étoit pour apprendre aux Grecs leur devoir, & les inviter à penser encore comme leurs peres avoient pensé.

(2) Après que les Perses, vaincus sur mer & sur terre, eurent abandonné le projet d'asservir la Grece, les Atheniens porterent la guerre en Asie, pour affranchir du joug de Xercès les Grecs qui y étoient établis. Ces peuples, accoutumés à la paix, ne faisoient la guerre qu'à regret. Athenes les en exempta, se contentant d'en exiger un tribut annuel de soixante talens, pour subvenir aux frais de son armée. Pausanias, L. 8. C. 52, en fait un reproche amer à Aristide. Il l'accuse d'avoir ouvert la porte à la cupidité, & accoutumé les Grecs à faire un trafic mer-

cénaire de leurs alliances & de leurs forces. Périclès, en succédant à Cimon dans le Gouvernement d'Athenes, porta ce tribut à six cents talens, & tout fut perdu. Les Grecs d'Asie voyoient qu'il étoit inutile de faire la guerre à la Perse humiliée; ils murmurerent & se plaignirent de la continuation d'un impôt qui les ruinoit. Il fallut leur faire la guerre pour les contraindre à le payer. Le talent pesoit soixante livres de douze onces, qui, selon notre maniere de compter, font quatre-vingt-dix marcs. Notre marc d'argent valant aujourd'hui cinquante livres, le talent Grec valoit quatre mille cinq cents de nos livres numéraires. Le talent d'or pesoit de même soixante livres ou quatre-vingt-dix de nos marcs.

(3) Il est vraisemblable que les Atheniens auroient abusé de leurs avantages avec encore plus de dureté que les Spartiates. Ceux-ci étoient accoutumés à la modération, & ils en donnerent plusieurs marques dans le cours même de la guerre du Péloponese; les autres au contraire avoient toujours eu de l'ambition. Dès leur naissance ils avoient cru avoir une sorte de droit sur les pays qui produisent du blé, des oliviers & des vignes, & ils se flattoient de s'en rendre un jour les maitres. Dans la négociation qui précéda la guerre du Péloponese, Athenes ne cacha point ses vrais sentimens. Thucydide, L. 1. C. 4, fait dire à ses Ambassadeurs: *C'est de tout temps que les plus forts sont les maîtres; nous ne sommes*

pas les auteurs de ce réglement, il est fondé dans la Nature. Etrange politique, & qu'il est encore plus étrange d'oser avouer. La maniere dont Athenes traita ses Alliés, fait juger comment elle en auroit usé avec la Grece entiere, si elle eût fait subir aux Spartiates le sort qu'elle éprouva elle-même. Son Empire n'auroit pas été plus affermi que le fut celui de Lacédémone, quand elle voulut régner par la force. Les Atheniens auroient vû éclater contr'eux des révoltes continuelles, & leur Gouvernement, foible & tumultueux, leur auroit préparé une prompte décadence.

(4) Ce qu'Aristias dit ici à la louange de sa Patrie, ressemble assez à ce qu'on trouve dans l'éloge funebre que Periclès prononça aux funérailles de ceux qui avoient été tués dans la premiere campagne de la guerre du Péloponese. *Voyez Thucydide*, L. 2. C. 7. Un pareil Discours est bien digne de l'Orateur qui le faisoit, c'est-à-dire, d'un Magistrat qui pour se rendre plus puissant avoit corrompu les mœurs de sa République. Aristide, Themistocle & Cimon n'auroient point parlé ainsi. Les qualités que Periclès loue dans les Atheniens, sont autant de vices, mais déguisés avec art sous les ornemens trompeurs de l'éloquence. Quand les Atheniens, toujours vains & avides de louanges, n'eurent plus de vertu, ils prirent le parti de louer leurs vices & d'en tirer vanité, plutôt que de se corriger.

(5) Cette Loi étoit de Solon, & déplaisoit fort aux jeunes gens d'Athenes, qui tout pleins d'orgueil après avoir fréquenté les écoles des Sophistes, ne doutoient point que la République ne fût très-bien gouvernée, si on leur avoit permis de monter dans la Tribune aux Harangues, & de se mettre à la tête des affaires. Cette Loi n'étoit plus observée régulierement du temps de Phocion ; car, selon la remarque de M. l'Abbé d'Olivet sur la premiere *Philippique*, Démosthene n'étoit que dans sa trentieme année quand il prononça cette Harangue. Peut-être cet Orateur étoit seul excepté de la regle générale à cause de ses grands talens ; mais il est plus vraisemblable que c'étoit un abus, suite du discrédit où les anciennes Loix étoient tombées.

(6) Je ne puis m'empêcher de mettre ici sous les yeux de mes Lecteurs un morceau admirable de Ciceron dans sa République. *Est quidem vera lex, recta ratio, naturæ congruens, diffusa in omnes, constans, sempiterna, quæ vocet ad officium jubendo, vetando à fraude deterreat. Quæ tamen neque probos frustrà jubet aut vetat, nec improbos jubendo aut vetando movet. Huic legi neque abrogarë fas est, neque derogari ex hâc aliquid licet, neque totâ abrogari potest. Nec verò per Senatum aut per Populum solvi hac lege possumus : neque est quærendus explanator, aut interpres ejus alius. Nec erit alia lex Romæ, alia Athenis, alia nunc, alia post hac, sed omnes gentes & omni tempore, una lex & sempiterna, & immutabilis continebit, unusque erit communis*

quasi magister & imperator omnium Deus, ille legis hujus inventor, disceptator, lator; cui qui non parebit, ipse se fugiet, ac naturam hominis aspernabitur; atque hoc ipso luet maximas pœnas, etiam si cætera supplicia quæ putantur effugerit. C'est cette raison dont parle Ciceron d'une maniere si sublime & si vraie, qui doit être le principe & la régle de toute la morale & de toute la Politique. Les *Entretiens de Phocion* n'ont point d'autre objet que de développer cette importante vérité. Ciceron dit encore dans son Traité des Loix : *Quid est autem, non dicam in homine, sed in omni cælo atque terrâ, ratione diviniùs? Quæ cum adolevit atque perfecta est, nominatur ritè sapientia. Est igitur, quoniam nihil est ratione meliùs, eaque & in homine & in Deo, prima hominis cum Deo rationis societas..... Est enim unum jus, quo devincta est hominum societas, & quod lex constituit una. Quæ lex est recta ratio imperandi, atque prohibendi : quam qui ignorat, is est injustus, sive est illa scripta uspiam, sive nusquam..... Quòd si populorum jussis, si Principum decretis, si sententiis Judicum jura constituerentur, jus esset latrocinari, jus adulterare, jus testamenta falsa supponere, si hæc suffragiis, aut scitis multitudinis probarentur. Quæ si tanta potentia est stultorum sententiis atque jussis, ut eorum suffragiis rerum natura vertatur; cur non senciunt, ut quæ mala, perniciosaque sunt, habeantur pro bonis ac salutaribus? Aut cur, cùm jus ex injuriâ lex facere possit, bonum eadem facere non possit ex malo?*

(7) Critias étoit un des trente tyrans que Lysander établit à Athénes. Il fut plus cruel que ses Collégues. Il porta cette loi ridicule, par laquelle il étoit défendu d'enseigner dans Athenes l'art de raisonner.

SECOND ENTRETIEN.

(1) L'ABONDANCE d'argent que les tributs des Alliés porterent à Athénes, le luxe qui en fut la suite, & les rétributions que Périclès fit payer au peuple pour assister aux spectacles & aux jugemens de la Place publique, voilà les principales causes de la corruption des mœurs des Athéniens. On ne parla plus que de fêtes & de plaisirs. L'estime accordée aux arts inutiles, leur fit faire des progrès très-rapides. Les Athéniens ne se piquant plus que de goût, d'élégance & de recherche, regarderent leurs peres comme des hommes grossiers, & ne songerent plus à en avoir les vertus. Platon peint admirablement dans sa *République*, liv. 8, les progrès, &, si je puis parler ainsi, la génération des vices dans une Ville qui posséde des richesses superflues.

Ærarium illud cujusque auro plenum perdit Rempublicam. Nam primum quidem novos sumptus reperiunt, & ad leges deducunt, quibus neque ipsi, neque mulieres ipsorum obtemperant..... Deindè alter alterius exemplo & æmulatione perciti multi tandem tales evadunt.....Hinc igitur effusius ad pecunias cumulandas delapsi, quantò hoc pretiosiùs æstimant, tantò virtutem existimant viliorem. An non ita virtus à divitiis discrepat, quasi utraque in lance stateræ sint positæ, semper in contrariam partem declinent?...... Quando igitur in civitate divitiæ ac divites honorantur, virtus probique viri despiciuntur.... Incenduntur que ad ea studia omnes quæ in honore sunt, eaque frequentant: quæ verò nullo honore censentur, apud quosque jacere solent..... Ità ex victoriæ honorisque cupidis, quæstus & pecuniarum avidi tantum efficiuntur, & divites quidem viros laudant & admirantur, & ad magistratûs evehunt, pauperes verò despiciunt.

(2) Ce que Phocion dit ici de Platon, est très conforme à la doctrine que ce Philosophe établit dans son Traité des Loix, L. 4. Il se déclare pour le Gouvernement de Crete & de Sparte. *Veræ enim*, répond-t-il à Clinias Crétois, & à Magillus Lacédemonien, qui lui ayant rendu compte de l'administration de leurs Républiques, ne sçavoient dans quelle classe de Gouvernement les ranger: *Veræ enim, ô viri optimi, Reipublicæ vos participes estis; quæ autem modo nominatæ sunt* (Aristocratia, Democratia & Monarchia) *non Respublicæ, sed urbium habitationes quædam sunt, in quibus pars una servit alteri dominanti.* Il dit encore dans le même Ouvrage, L. 8: *Nulla certe potestas hujusmodi, Respublica est, sed seditiones appellari omnes rectissimè possunt. Nulla enim volentibus volens, sed volens nolentibus semper vi aliqua dominatur.*

Tous les Philosophes anciens ont pensé comme Platon, & les hommes d'Etat les plus célebres ont toujours voulu établir dans leurs Villes une police mixte, qui, en affermissant l'empire des Loix sur les Magistrats, & l'empire des Magistrats sur les Citoyens, réunit les avantages des trois Gouvernemens ordinaires, & n'eût aucun de leurs vices. A l'exception des Spartiates, les Grecs legers, inconstans, & jaloux de leur indépendance jusqu'à craindre le joug des Loix, sans lesquelles cependant il n'y a point de liberté, ne pouvoient s'accommoder que de la pure Démocratie. Non-seulement l'assemblée du Peuple possédoit dans toutes les Républiques la puissance législative; mais il étoit rare qu'elle laissât aux Magistrats la liberté d'exercer les fonctions dont ils étoient chargés. L'autorité du Peuple à Athénes ne connoissoit point de bornes. Les Magistrats n'y avoient qu'un vain nom. Les ordres du Sénat étoient éludés, ses décrets & ses jugemens étoient cassés, s'il n'avoit pas l'art de se conformer au goût du Public.

Demander quel est le meilleur Gouvernement, de la Monarchie, de l'Aristocratie ou de la Démocratie; c'est demander quels plus grands, ou quels moindres maux peuvent produire les passions d'un Prince, d'un Sénat, ou celles de la multitude. Demander si un Gouvernement mixte est meilleur qu'un autre Gouvernement, c'est demander si les passions sont aussi sages, aussi justes, aussi modérées que les Loix.

(3) Ce que Phocion prévoyoit arriva. Lacédémone, en proie aux mêmes désordres & aux mêmes malheurs que les autres Villes de la Gréce, éprouva mille révolutions jusqu'à l'extinction des deux branches de ses Rois légitimes ; & on peut dire qu'elle fut gouvernée tour à tour, & souvent à la fois, par les passions de ses Rois, de son Sénat, des Ephores & de la multitude. Des Tyrans s'emparerent de l'autorité ; & les Lacédémoniens, aussi méprisés au dehors, que malheureux au dedans, éprouverent enfin le même sort que les autres Grecs qui furent soumis à la domination Romaine.

La fortune des Romains est encore une preuve très-forte de la vérité que Phocion enseigne ici a Aristias, c'est-à-dire du pouvoir des bonnes mœurs. En effet, elles contribuerent plus que tout le reste à empêcher que les querelles qui s'éleverent entre les Patriciens & les Plébeyens, après l'exil des Tarquins, ne perdissent la République naissante, en la portant à des violences extrêmes. Ces querelles mêmes, secondées par de bonnes mœurs, établirent à Rome un Gouvernement mixte, dont les proportions étoient à peu près les mêmes que celles du Gouvernement de Lacédémone. Tant que les mœurs conserverent leur autorité, les Romains montrerent de la justice & de la modération dans leurs différends ; & le partage de la puissance publique entre les Consuls, le Sénat, les Tribuns & le Peuple, subsista dans ce point d'égalité propre à rendre la République heureuse & florissante. Dès que

Rome fut corrompue par l'orgueil de ses victoires, & les richesses des Peuples qu'elle avoit vaincus, ses vices, plus forts que ses Censeurs, leur imposerent silence. Ces Magistrats exercerent d'abord leurs fonctions avec des ménagemens; ils tremblerent enfin, & dès-lors les passions sans frein anéantirent la puissance publique Les Loix ne pouvoient se faire respecter par des Magistrats ni par des Citoyens qui se croyoient tout permis pour satisfaire leur avarice & leur ambition; présage infaillible des guerres civiles, par lesquelles les Romains alloient se déchirer, & qui devoient les soumettre à des Empereurs que l'Histoire nous peint comme autant de monstres. Il n'y eut plus de vertu dans l'Empire Romain, & il devint la proie des Barbares.

Plus on y réfléchira, plus on sera persuadé que la liberté sans mœurs dégénere en licence, & que la licence produit nécessairement la tyrannie domestique, ou l'asservissement à une puissance étrangere. Un Auteur célebre a dit que la Monarchie pouvoit se passer de vertu, & gouvernoit par l'honneur. Mais quand il explique ce qu'il entend par honneur, on voit qu'il entend la vertu, ou qu'il n'entend rien du tout.

(4) *La cause de ce long délai*, dit M. Charpentier dans la vie de Socrate, *étoit que les Athéniens envoyoient tous les ans un vaisseau en l'Isle de Délos, pour y faire quelques sacrifices; & il étoit de la Religion de ne faire mourir personne dans la Ville, depuis que le Prêtre d'Apol-*

lon avoit couronné la poupe de ce vaisseau pour marque de son départ, jusqu'à ce que le même vaisseau fût de retour ; si bien que l'Arrêt ayant été prononcé contre Socrate le lendemain que cette cérémonie s'etoit faite, il fallut en différer l'exécution pour trente jours qui s'écoulerent dans ce voyage.

(5) Ce que Phocion dit ici des Sophistes de son tems, on peut l'appliquer à Machiavel, qui ne donnant dans son *Prince* que des leçons de tyrannie, d'injustice & de fourberie, veut cependant que son disciple emprunte le masque de plusieurs vertus, & que pour éviter d'être *haï & méprisé*, il paroisse *clément*, *fidele à sa parole*, *integre* & *religieux*. Mais Machiavel n'a pas fait attention que quand on occupe une grande place, & qu'on manie des affaires publiques, on ne paroît jamais que ce qu'on est véritablement. On pénetre, on voit, on juge sans peine un hypocrite au travers du masque dont il se couvre. On peut duper un homme d'esprit une fois, mais non pas deux. Les sots sont en général plus soupçonneux que les gens d'esprit; & quand ils ont été trompés, ils sont encore plus intraitables. Ils regardent celui dont ils ont été les dupes, comme un fripon, & ne s'y fient pas même dans les occasions où il n'a aucun intérêt de leur tendre un piége. Que Machiavel dise que le Pape Alexandre VI ne fit jamais autre chose que tromper, & que ses tromperies lui réussirent toujours ; il ne persuadera personne, & ne mérite pas d'être réfuté.

(6) Le moment où l'Empire des Macédoniens parut le plus puissant, c'est quand Alexandre eut vaincu Darius. Mais si ce Prince régnoit tranquillement sur l'Asie subjuguée, les vices de l'Asie commençoient à le subjuguer lui-même. Soit qu'on considere cette corruption naissante, soit qu'on recherche les moyens qu'avoit Alexandre pour empêcher le démembrement de ses vastes Etats, on ne peut s'empêcher de penser qu'une plus longue vie n'auroit servi qu'à ternir la gloire qu'il avoit acquise. Si le Lecteur se rappelle l'histoire des successeurs d'Alexandre, il verra que les Macédoniens, qui s'établirent en Asie & en Egypte, s'amollirent, & n'eurent point d'autres mœurs que les Peuples qu'ils avoient vaincus. Pour la Macédoine proprement dite, réduite à ses anciennes limites par la révolte des Gouverneurs de Province, quel fruit retira-t-elle du régne de deux Rois tels que Philippe & Alexandre? Elle éprouva mille révolutions funestes. Tandis que le Peuple étoit malheureux, la Famille Royale périt de la maniere la plus tragique. Différens Princes usurperent le trône, & en furent chassés. La famille qui réussit à le conserver, ne put jamais prendre sur la Grece même l'autorité que Philippe y avoit acquise, quoique les Grecs toujours divisés conservassent toujours les vices qui les avoient affoiblis. La Macédoine eut des ennemis sans nombre; & ses Rois, toujours yvres de la réputation que leur Royaume avoit eue autrefois, furent occupés à faire laborieuse-

ment & ſans ſuccès des entrepriſes au-deſſus de leurs forces. Affoiblis & odieux à leurs voiſins, ils furent vaincus & détruits par les Romains, que la Grece appella à ſon ſecours pour ſervir ſa haine contre la Macédoine, & la punir de ſes injuſtices & de ſon ambition.

TROISIEME ENTRETIEN.

(1) XENOPHON nous a conſervé l'entretien de Socrate avec Euthydeme ſur la volupté, & je ne puis réſiſter au plaiſir d'en tranſcrire ici un morceau admirable. Je me ſers de la traduction de M. Charpentier.

Avez-vous ſongé, dit Socrate, que la débauche, qui ne parle que de voluptés, ne ſçauroit en faire goûter aucune comme il faut, & qu'il n'y a que la tempérance & la ſobriété qui donnent le vrai ſentiment des plaiſirs? Car c'eſt le naturel de la débauche de ne point endurer la faim, ni la ſoif, ni les aiguillons de l'amour, ni la fatigue des veilles, qui ſont néanmoins les véritables diſpoſitions pour boire & pour manger délicieuſement, & pour trouver un plaiſir exquis dans les embraſſemens amoureux ou dans les approches du ſommeil. Cela eſt cauſe que l'intempérant ſent moins de douceur dans ces actions qui ſont néceſſaires & qui ſe font très-ſouvent. Mais la tempérance, qui nous accoutume à attendre le beſoin, eſt la ſeule auſſi qui dans ces rencontres nous fait ſentir une extrême volupté.

C'eſt cette vertu auſſi, dit Socrate, qui met les hommes en état de ſe perfectionner l'eſprit & le corps, & de ſe rendre capables de gouverner heureuſement leur famille, de ſervir utilement leurs amis & leur Patrie, & de ſurmonter leurs ennemis; ce qui eſt non-ſeulement très-avantageux pour l'utilité, mais même très agréable par le contentement qui l'accompagne, & c'eſt à quoi les débauchés n'ont point de part: car quelle part pourroient-ils prendre aux actions vertueuſes, eux dont l'eſprit eſt tout employé à la recherche des voluptés préſentes?

Quelle différence y a-t-il, dit Socrate, entre un animal irraiſonnable & un homme voluptueux, qui ne conſidere point ce qui eſt le plus honnête, mais qui pourſuit aveuglément ce qui eſt le plus agréable? Il n'appartient qu'aux perſonnes tempérantes de rechercher quelles ſont les meilleures choſes, & après en avoir fait un diſcernement exact par l'expérience & le raiſonnement, d'embraſſer les bonnes, & de s'éloigner des mauvaiſes; c'eſt ce qui les rend tout enſemble très-heureux, très-vertueux & très-habiles.

(.) Antipater diſoit que de deux amis qu'il avoit à Athenes, Phocion & Démadès, il n'avoit jamais pû ni obliger l'un à rien recevoir, ni contenter l'avidité de l'autre. Ce Démadès étoit Orateur, & avoit du crédit dans la Place publique. C'eſt lui qui trouvant un jour Phocion à table, & voyant ſon extrême frugalité, lui dit : *Je m'étonne, Phocion, que te contentant d'un si mauvais repas, tu veuilles prendre la peine de te mêler des affaires de la République.*

(3) *Nec putes, ô Glauco, magis me de viris quam de mulieribus fuisse loquuntum, quæcumque videlicet natura aptæ ad hæc officia sunt.* In Rep. L. 7. Voyez ce que Platon dit dans cet endroit sur l'éducation des femmes. Il y revient encore dans son *Traité des Loix*, L. 7. *Aio stultissimum hoc in nostris regionibus esse, ut non iisdem studiis mulieres ac viri omni conatu consensuque dent operam..... Præceptum vero nostrum non cessabit afferere quod oporteat Doctrinæ cæterorumque, quam maxime mulieres cum viris participes fieri.*

(4) Rien ne prouve peut-etre mieux qu'un Etat agit sans principes & sans systeme, que le grand nombre de Loix dont il accable les Citoyens. Un Législateur habile va à la racine des abus qu'il veut arrêter, la coupe, & l'ordre est rétabli par une seule Loi. L'Histoire ancienne & l'Histoire moderne en fournissent plusieurs exemples. Un Législateur ignorant veut détruire les effets d'un vice, mais il en laisse subsister la cause. L'Etat ne se corrige pas ; il arrive même que les efforts inutiles du Législateur le rendent incorrigible, parce que les esprits s'accoutument enfin à mépriser les Loix. Quand une Loi est tombée dans l'oubli, & qu'on la renouvelle, il semble que ce ne soit que par caprice, & on ne prend presque jamais les mesures nécef-

ſaires pour empêcher qu'elle n'éprouve une ſeconde diſgrace. Un Etat qui n'a point d'objet fixe, ou qui ne conſulte pas la nature des choſes, doit néceſſairement beaucoup multiplier ſes Loix, parce qu'il n'agit que relativement aux circonſtances dans leſquelles il ſe trouve, & que ces circonſtances changent & varient continuellement. C'eſt un grand malheur quand les Loix ſont en ſi grand nombre, qu'on ne daigne plus s'en inſtruire, & qu'elles ſont pour la plûpart ignorées de ceux mêmes qui font une étude du Droit public & de la Juriſprudence d'une Nation. La coutume & la routine uſurpent alors l'autorité qui n'appartient qu'aux Loix, & c'eſt le propre de la coutume & de la routine de n'avoir rien de fixe, & en ſe prêtant aux événemens, d'ouvrir la porte aux injuſtices les plus criantes

Multiplier les Magiſtrats, n'eſt pas une choſe plus ſalutaire que de multiplier les Loix. Moins ils ſont nombreux, plus on eſt porté naturellement à les reſpecter, & plus ils ſont eux-mêmes attentifs à remplir leurs devoirs. Créer de nouveaux Magiſtrats dans une République dont les Loix & les mœurs ſe corrompent, ce n'eſt ſouvent qu'y introduire de nouveaux abus, & donner des protecteurs à la corruption. En général il eſt inutile, comme le dit Phocion dans ſon ſecond Entretien, de prétendre avoir de bons Magiſtrats, ſi on n'a pas commencé par donner de bonnes mœurs aux Citoyens.

La politique a deux ou trois regles générales sur ce sujet, qu'il est impossible de négliger sans s'exposer à d'extremes dangers. Pour empêcher que le Magistrat ne se relâche dans les fonctions de sa Magistrature, il faut qu'elle soit courte & passagere. Si elle est à vie, il l'exercera avec négligence ; il la regardera comme un bien qui lui est propre, & travaillera bien plutôt à en augmenter les droits & les prérogatives, qu'à faire le bonheur public. La Société a différens besoins, distingués par leur nature, & séparés les uns des autres ; il faut donc établir différentes Magistratures pour y subvenir. Si vous unissez dans une même Magistrature des fonctions qui doivent être separées, vous devez vous attendre qu'elles seront négligées, ou que le Magistrat profitera de ce pouvoir trop étendu pour en abuser & se rendre redoutable. Si vous séparez en différentes Magistratures des fonctions qui doivent être réunies dans une même main, les Magistrats se géneront mutuellement dans leur administration, & ne conserveront point l'autorité qu'ils doivent avoir sur les Citoyens. Remarquez que dans les circonstances extraordinaires, les Magistrats ordinaires ne suffisent pas aux besoins de la République. Ce fut une institution bien sage chez les Romains, que de créer quelquefois des Dictateurs, ou de revêtir les Consuls d'une puissance extraordinaire.

(5) Il n'y a point de peuple dans l'Antiquité qui ait été traité plus durement que les

Egyptiens, après qu'ils eurent renoncé à la sagesse de leurs premieres institutions. Aristote dit dans sa *Politique*, que les Rois d'Egypte ne creuserent le lac de Mœris, ne bâtirent les Piramides, & n'exécuterent d'autres pareils ouvrages, que pour accabler sous le poids du travail des Sujets indociles dont ils craignoient l'inquiétude, & qui ne prenoient aucun intérêt à la Patrie.

(6) C'est ce qui a fait dire à Thucydide, L. 2. C. 11, que quoique le Gouvernement d'Athenes fût Démocratique dans le droit, il approchoit dans le fait de la Monarchie; puisque le plus grand homme y avoit toute l'autorité, & sembloit être le dépositaire de la volonté de tous les Citoyens. La République auroit succombé dans les dangers auxquels elle fut exposée, après s'être délivrée de la tyrannie des fils de Pisistrate, si elle n'eut eu alors, par hasard, un Miltiade dont les talens extraordinaires la firent triompher des Perses à Marathon. A ce grand homme succéderent un Aristide, un Themistocle, un Cimon, qui, par leurs lumieres, leurs talens & leurs grandes actions, mériterent la confiance des Athéniens, & les éleverent, malgré les caprices de la Démocratie, à penser comme eux. Périclès, qui avoit tous les talens, & à qui il ne manquoit que de la probité, fut le dernier des Athéniens qui jouit dans sa Patrie de ce crédit qu'on pouvoit appeller Monarchique. *Ceux*, dit Thucydide, *qui après sa mort aspirerent au Gou-*

vernement, étant tous égaux en mérite, c'est-à-dire, par leurs talens très-médiocres, *& rivaux en dignité, & tâchant de se débusquer les uns les autres pour obtenir le premier rang, mirent toute l'autorité entre les mains du peuple, par leur lâcheté & leur flatterie. De-là s'ensuivit entre autres maux l'entreprise de Sicile, qui ne se perdit pas tant par la faute de ceux qui y furent employés, que par le défaut de ceux qui les employerent, & s'entrebattoient à Athenes pour le commandement. Ils rallentirent l'ardeur du Camp par leur division, & mirent à la fin la sédition dans la ville.* Traduction de d'Ablancourt.

(7) C'est ce qui a fait dire à Platon, dans son Traité des Loix, L. 11. *Nullus cives caupo, mercatorque nec sponte nec invitus fiat, nec privati cujusquam fiat minister, qui non æquo in eadem sorte sibi respondeat, nisi patris ac matris, aliorumque genere majorum cæterorumque seniorum qui liberi sunt & liberi vivunt.*

Ce que Phocion ajoute, qu'il ne faut regarder les Artisans que comme des esclaves, paroitra peut-être un sentiment outré & cruel à quelques Lecteurs; mais il faut tâcher d'entrer dans sa pensée, ce qui est facile, & on en sentira bientôt la vérité. Phocion étoit sans doute trop instruit des droits de l'humanité, pour dire qu'il falloit ôter la liberté aux Artisans, & les réduire en esclavage; il vouloit seulement que des hommes, qui ne peuvent pas avoir des sentimens de Citoyens, n'eussent, comme les esclaves, aucune part à l'administration publique, & il avoit raison. Il ne comptoit pour Citoyens que les possesseurs des terres, & il est assez vraisemblable qu'on ne peut s'écarter dans la pratique de cette idée, sans s'exposer à de grands inconvéniens.

De tous les grands hommes qui ont gouverné la République d'Athenes, Aristide est le seul qui ait favorisé la Démocratie. Il abolit la loi de Solon, qui ne permettoit d'élever aux Magistratures que les Citoyens qui recueilloient de leurs terres au moins deux cent mesures de froment, d'huile ou de vin, & par-là il affoiblit ou ruina la partie Aristocratique du Gouvernement, qui servoit de frein à la Démocratie. Il fut permis indistinctement à tout Citoyen d'aspirer & de parvenir aux Magistratures; & c'est sans doute une des principales causes des fautes grossieres que fit la République, & des malheurs qu'elle éprouva après la mort de Periclès. L'inquiétude & l'insolence du peuple ne connurent point de bornes.

(8) Je me rappelle en effet d'avoir lû dans Platon, qu'il vouloit que les Tableaux qu'on vouoit dans les Temples des Dieux, fussent faits dans un jour. Il n'en accordoit que cinq aux Sculpteurs, pour faire & élever un Tombeau.

(9) Du temps d'Aristide & de Thémistocle, les hommes qui gouvernoient la République étoient rivaux, & ne se haissoient pas;

ou

ou s'ils étoient ennemis, ils n'employoient pas pour se perdre les voies lâches & tortueuses du mensonge & de l'intrigue : c'étoit une noble émulation qui les portoit à se surpasser les uns les autres. L'amour de la gloire & de la Patrie épuroit l'envie & la jalousie. Aristide & Thémistocle avoient toujours été d'un avis opposé ; mais quand Xercès menaça la Grece, toute rivalité cessa entr'eux, & ils ne songerent qu'au bien de la Patrie. Periclès même, quelque jaloux qu'il fût de gouverner Athenes, fit rappeller Cimon de son exil, quand il crut ses services indispensablement nécessaires à la République, & ils agirent de concert; *tant*, dit Plutarque, *les inimitiés étoient alors civiles & honnêtes, & le courroux facile à appaiser !* Du temps de Phocion, il n'en étoit plus ainsi. Les Orateurs vendus à Philippe, au Roi de Perse ou à quelque cabale de Citoyens puissans, étoient des hommes sur qui la vérité, l'amour de la Patrie & le devoir n'avoient aucun droit.

(10) Phocion rappelle en peu de mots les trois grands torts de Périclès dans son admiministration. Il fit porter un décret par lequel l'Etat donnoit une rétribution aux Citoyens pour assister aux Spectacles & aux Jugemens de la Place publique; il favorisa les progrès des arts inutiles, & introduisit un luxe extrême dans Athenes : conduite qui en la rendant très-agréable à la multitude, le mit à portée de gouverner arbitrairement. Il

fit la guerre aux Alliés de la République, pour les forcer de payer des tributs, & flatter en même temps l'ambition des Atheniens, que l'oisiveté de la paix auroit rendus inquiets & trop difficiles à gouverner. Enfin Périclès, qui pouvoit empêcher une rupture entre sa Patrie & Lacédémone, alluma la guerre du Péloponese pour affermir son autorité dans un moment critique, & ne pas rendre ses comptes. Après des reproches si bien mérités, on est étonné que Thucydide, L. 2. C. 11, dise que Périclès *avoit acquis son autorité par des voies légitimes, & que son crédit venoit de son bon sens & de sa dignité.* J'aime mieux le jugement de Pausanias, lorsqu'il dit, L. 8. C. 52, qu'on ne doit regarder ceux qui ont fait la guerre du Péloponese, que comme des furieux qui ont immolé tous les peuples de la Grece à leur propre ambition & à leur intérêt particulier.

QUATRIEME ENTRETIEN.

(1) PLUTARQUE rapporte qu'Alexandre voulut faire un présent de cent talens à Phocion, & que les Envoyés de ce Prince trouverent ce grand homme qui tiroit de l'eau au puits pour se laver les pieds, & sa femme qui pétrissoit le pain.

(2) Les Grecs en général regardoient l'amour de la Patrie comme la premiere vertu

du Citoyen, & il semble que dans presque toutes les Républiques, les Législateurs ont été plus occupés à l'inspirer, à l'étendre, à lui donner des forces, qu'à connoître les bornes que la raison lui assigne, ou plutôt la maniere dont la raison doit le diriger & le gouverner. La Doctrine que Phocion expose à Aristias, doit paroître très-sage; c'est la seule avantageuse aux hommes, & je ne crois pas qu'aucun de ses Lecteurs se refuse à l'évidence de ses raisonnemens. Aussi ne prétends-je rien y ajouter; mais j'espere qu'on me permettra de rechercher dans cette remarque les causes qui ont empêché les Sociétés de connoître leurs devoirs réciproques: connoissance qui leur est absolument nécessaire, & sans laquelle l'amour de la Patrie n'est qu'un emportement aveugle & injuste, qui produit une grande partie des malheurs dont l'humanité est affligée.

Si les hommes ont été long temps à sentir la nécessité de s'unir en société, s'il a fallu une longue expérience de maux pour apprendre à chaque Particulier l'avantage qu'il trouveroit à renoncer à son indépendance naturelle, & se soumettre à des Loix & des Magistrats; il étoit naturel que les Sociétés fussent encore infiniment plus lentes à contracter des alliances entr'elles. Des Citoyens farouches & accoutumés dans l'état de nature à obéir à leurs premiers mouvemens, ne devoient former encore pendant plusieurs siécles que des sociétés sauvages. Ces premieres sociétés ou associations de brigands, conserverent contre leurs voisins la férocité que les Citoyens avoient à peine dépouillée les uns à l'égard des autres ; ne pouvant s'inspirer mutuellement aucune confiance, elles se regarderent comme ennemies ; & une haine plus ou moins brutale fut l'ame de leur Politique.

Si nous abusons souvent de notre courage & de nos forces, nous qui nous piquons aujourd'hui de philosophie ; si malgré les idées que nous avons enfin de la justice & du droit des gens, nous aimons mieux être conquérans que justes ; si des victoires chatouillent agréablement notre orgueil ; si nous trouvons communément Alexandre plus grand qu'Aristide ; la force, le courage, la violence ne dûrent-ils pas être regardés dans des sociétés encore sauvages, comme les vertus les plus essentielles ? Combien l'estime attachée à ces qualités, ne dût-elle pas faire naitre de passions & de préjugés propres à empêcher les premiers efforts de la raison ? Plus les Soldats revenoient chargés de butin, plus l'avarice de leurs femmes & de leurs vieillards leur prodigua de louanges. Plus leurs courses étoient étendues, plus l'admiration fut excitée ; plus les ravages étoient grands, plus on avoit une haute idée des Soldats qui les avoient faits. Les vaincus en succombant n'osoient se plaindre, dans la crainte d'aigrir des vainqueurs féroces, irrités par la victoire, & qui n'avoient pas encore la prudence de craindre un revers. Tandis que ceux-ci s'enyvroient de leur proſpérité, les autres s'humilioient pour les fléchir, & cependant ne déſeſpéroient pas de ſe venger. La modération paſſant pour foibleſſe, auroit été mépriſée comme la poltronnerie. Plus on fit de mal à ſes ennemis vaincus, plus on crut impoſer à ſes voiſins, & donner de preuves de ſon courage & de ſon habileté. Une fauſſe gloire éblouit & trompa tous les eſprits; & dans ce ſilence de la raiſon, qui ne ſçavoit pas encore qu'elle eût des droits à réclamer, le préjugé perſuada que tout étoit permis au plus fort.

De-là ce droit des gens féroce & cruel des anciens les plus célébres, même par leur ſageſſe, leur généroſité & la politeſſe de leurs mœurs; on croyoit qu'une déclaration de guerre étoit un arrêt de mort prononcé contre une Nation. En partant de ce principe odieux, les droits de la guerre ne devoient connoître aucune borne, & les priſonniers mêmes qui s'étoient rendus à leurs ennemis, en poſant les armes, ne conſervoient la vie qu'en devenant eſclaves. Les Grecs furent plongés pendant long-temps dans cette barbarie; on ſçait quel fut le ſort des Hilotes & des Meſſéniens vaincus. Ils parvinrent, ainſi que le remarque Phocion, à regarder la Grece entiere comme leur Patrie commune; mais s'ils obſervoient entr'eux pluſieurs regles de l'humanité, il s'en falloit beaucoup qu'ils les pratiquaſſent à l'égard des Etrangers. Ils les traitoient de barbares; ils les mépriſoient; ils penſoient ne leur rien devoir, & croyoient que la Nature, en les faisant moins braves & moins éclairés qu'eux, les destinoit à être esclaves.

Les Romains, qui n'eurent d'abord qu'un mot pour exprimer un ennemi & un voisin, commencerent par être des brigands. Ils volerent des femmes, & vécurent de butin, mais ils acquirent assez promptement des mœurs, & montrerent beaucoup de modération à l'égard des Etrangers depuis l'exil des Tarquins, jusqu'au temps qu'ils succomberent sous le poids d'une trop grande fortune, & qu'abusant enfin des avantages de la victoire, ils sapperent les fondemens de la République. Ils ne firent point de guerre injuste; jamais ils ne commencerent les hostilités, qu'après avoir rempli plusieurs formalités qui annonçoient leur amour pour la justice. Ils respecterent avec plus de religion que les autres peuples, les droits de l'humanité dans leurs ennemis vaincus, & montrerent même de l'estime à ceux qui sçurent s'en rendre dignes.

On se rappelle toujours avec plaisir que les Privernates, ayant soutenu plusieurs guerres opiniâtres contre la République Romaine, essuyerent une perte si considérable, qu'obligés de fuir & de se cacher dans leur ville même, ils y furent assiégés par le Consul Plautius. Prêts à succomber, ils envoyerent des Ambassadeurs à Rome pour y négocier la paix; & le Sénat leur ayant demandé quel châtiment ils croyoient mériter; *celui*, répondirent-ils, *que méritent des hom-*

nes qui se croyant dignes d'être libres, ont tout tenté pour conserver la liberté qu'ils ont reçue de leurs peres. Mais, reprit le Consul, si Rome vous fait grace, peut-elle se promettre que désormais vous observerez religieusement la paix? *Oui*, répliquerent les Ambassadeurs, *si les conditions en sont justes, humaines, & ne nous font pas rougir; mais si cette paix est honteuse, n'espérez pas que la nécessité qui nous la fera recevoir aujourd'hui, nous la fasse observer demain.* Quelques Sénateurs furent indignés de l'orgueil de cette réponse; mais le Sénat, ce Corps où les lumieres & le courage dominoient, approuva les Ambassadeurs Privernates, &, conformément à ses principes, jugea que des ennemis que leurs disgraces n'avoient pas abbatus, méritoient l'honneur d'être faits Citoyens Romains.

Quelque magnanimité, quelque sagesse qu'eussent les Romains, leur droit des gens étoit encore bien éloigné du point de perfection où le doit porter la saine philosophie, qui n'est point distinguée de la saine politique. Bienfaisans & humains en Conquérans qui étoient bien aise d'avoir des ennemis à combattre, pour avoir un prétexte d'exercer leurs forces & d'étendre leur Empire, on croit voir leur ambition à travers leur modération; ou plutôt on croiroit que leur vertu n'est qu'un art pour éblouir leurs Alliés, tromper leurs ennemis, & rendre leurs succès plus faciles.

Ç'eût été un prodige que les peuples eufſent pratiqué un droit des gens plus humain, avant que la Doctrine de Phocion ſur l'amour de la Patrie fût connue; & elle ne pouvoit point l'être, avant que des Philoſophes euſſent découvert les erreurs de nos paſſions, & démontré, en comparant les faits, que la Politique, loin de travailler à la proſpérité d'un Etat, en hâte la décadence & la ruine, ſi elle ne regarde pas l'amour de l'humanité comme une vertu ſupérieure, qui doit régler & diriger l'amour de la Patrie. Les Gouvernemens Monarchiques & les Ariſtocraties, qui ne connoiſſent preſque jamais ce que ſe doivent les Membres d'une même Société, ſont encore moins diſpoſés à connoître leurs devoirs à l'égard des Etrangers. Dans les Démocraties, la multitude qui eſt ſouveraine, eſt inconſtante, orgueilleuſe, emportée, vindicative: que de paſſions doivent lui cacher la vérité & ſes vrais intérêts! Dans les autres Républiques, telles que Sparte & Rome, où le partage de la puiſſance publique & la liberté, ſoumiſe aux Loix, donnent aux Citoyens mille vertus; l'amour de la Patrie lui-même leur inſpire communément une certaine vanité & une certaine hauteur, incapables de s'allier avec la pratique des devoirs de l'humanité envers les Etrangers.

Les Grecs reſterent dans leur ignorance juſqu'au temps de Socrate, qui le premier des Philoſophes appliquant la philoſophie à l'étude des mœurs, ſe crut Citoyen de tous les lieux où il y a des hommes. Il publia d'immortelles vérités ; mais la Grece, qui deux siécles auparavant auroit pû les adopter, n'étoit plus capable de les entendre. Socrate parloit de l'amour de l'humanité à des hommes qui n'avoient plus même l'amour de la Patrie. La guerre du Péloponese armoit toutes les villes de la Grece les unes contre les autres. Déchirées par leurs dissentions domestiques, elles n'avoient plus d'autre régle de conduite que l'ambition, l'avarice, la crainte ou l'audace de leurs Magistrats & des Citoyens intriguans qui les gouvernoient. Socrate eut quelques Disciples qui par prudence ne prirent aucune part à l'administration des affaires publiques. Les troubles de la Grece augmenterent encore après que l'imprudente Lacédémone, se laissant conduire par Lysander, eût renoncé ouvertement à ses vertus pour se livrer à l'ambition. Quels temps pour parler des devoirs mutuels des peuples, que les regnes de Philippe, d'Alexandre & de leurs ambitieux successeurs ! La vérité fut étouffée en naissant, ou du moins ne sortit point des Ecoles que quelques Philosophes tenoient à Athenes.

La philosophie de Socrate & de Platon passa de la Grece à Rome ; mais il semble que rien n'arrive à propos dans ce monde. Si les Romains avoient conservé leurs anciennes mœurs, sans doute qu'ils auroient adopté des principes propres à s'allier avec leur modération & leur amour de la justice & de la pauvreté ; mais corrompus par leur fortune, ils ne vouloient plus être que les tyrans des

Nations dont la vertu de leurs peres les avoit rendus les maîtres. Dans les mêmes ouvrages où Ciceron plein du génie de Socrate & de Platon, enseignoit que tous les hommes sont freres ; qu'ils doivent s'aimer, se sécourir, se faire du bien ; qu'il ne faut regarder la terre entiere que comme une grande Cité dont les quartiers différens ne doivent pas avoir des intérêts opposés ; il se plaint qu'il n'y ait plus d'amour de la Patrie ni aucune autre vertu dans Rome, & que la République soit anéantie. Nous sommes tombés, dit-il, dans un abîme immense de calamités. Tout a changé de face parmi nous, depuis que les violences que nous exerçons sur les Etrangers, nous ont enhardis par dégrés à être injustes & cruels envers les Citoyens. L'avarice, l'insolence & l'esprit de tyrannie, après avoir fait taire les Loix, ont commis tant de concussions, de rapines & de brigandages sur nos Alliés, que nous subsistons plutôt par l'imbécillité de nos ennemis, qui ne sçavent pas profiter de notre foiblesse, que par aucune sorte de vertu qui nous mette en état de nous défendre.

La philosophie de Ciceron ne devoit pas avoir un meilleur sort à Rome, que celle de Socrate dans la Grece. Tout le monde sçait que les guerres civiles que produisit la licence des Citoyens, firent place à la tyrannie des Empereurs. Les successeurs d'Auguste, semblables à ce Critias dont il est parlé dans les Entretiens de Phocion, auroient voulu ôter aux hommes jusqu'à la faculté de penser. Toute lumiere fut donc éteinte dans l'étendue de la domination Romaine; & au-delà de ses limites, il n'y avoit que des Nations sauvages, pareilles à ces Sociétés naissantes dont j'ai parlé au commencement de cette Remarque.

Au milieu des Délateurs, des proscriptions, de la servitude la plus humiliante & de la tyrannie la plus sanguinaire, comment le Romain, qui ignoroit ce qu'il se devoit à lui-même, ce qu'il devoit à ses Concitoyens & à sa Patrie, auroit-il soupçonné qu'il avoit des devoirs à remplir envers les Etrangers? Les maux de l'Empire étoient tels, que Nerva, Trajan, Antonin & Marc Aurele ne purent que les suspendre pendant quelques momens, & non pas y remédier. La puissance publique étant entre les mains des Soldats, toujours prêts à sacrifier les Empereurs à leurs caprices, on ne pouvoit pas même espérer d'être long-temps gouverné par les mêmes vices & les mêmes passions.

Le monde sembla rentrer dans sa premiere barbarie, en passant sous la domination des Goths, des Vandales, des Huns, des Bourguignons, des Francs, des Saxons, &c. qui après avoir long-temps vexé, déchiré & pillé les Provinces Romaines, les partagerent entr'eux. Ils conserverent dans leurs conquêtes les mœurs, les Loix & le Gouvernement qu'ils avoient apportés des forêts de Germanie. Il ne pouvoit y avoir aucun droit des gens pour des hommes qui trouvoient beau de vivre de pillage & de butin. Le Christianisme qu'ils embrasserent, & qui devoit les instruire de tous les devoirs de l'humanité, les laissa dans leur premiere ignorance, parce qu'ils se contenterent d'en croire les Dogmes, sans en adopter la Morale Elle étoit en effet trop sublime pour des Sauvages qui ne commençoient à perdre un peu de leur férocité, qu'en prenant quelques vices abjets & bas des vaincus.

Jamais les hommes ne furent témoins de révolutions plus subites & plus extraordinaires que celles qu'ils éprouverent sous le Gouvernement des Peuples du Nor & de la Scythie. Chaque jour il se forn une nouvelle Monarchie; chaque jour il en périssoit une à peine formée. Quand enfin les Barbares, affoiblis par leurs guerres, commencerent à être plus tranquilles dans leurs conquêtes, le gouvernement des fiefs, né chez les François, se répandit promptement dans toute l'Europe; c'est-à-dire qu'on n'y vit plus que des tyrans impitoyables ou des escl ves qui les servoient. On n'avoit aucune loi politique ni civile; on ne conservoit aucune idée, ni des conventions expresses ou présumées qui ont formé la Société, ni de l'objet qu'elle doit se proposer. La force décidoit seule du droit entre des Suserains & des Vassaux qui ne formoient qu'un seu Royaume, en formant cent Principautés différentes. On n'avoit pour se conduire que des coutumes incertaines, auxquelles la liberté des passions & la bizarrerie des événemens ne permettoient pas de prendre une certaine consistance. Veut-on enfin se faire une idée de la Morale de ces siécles barbares ? Qu'on se rappelle que la piété même prit une teinture du brigandage que le gouvernement des fiefs avoit accrédité. Les Croisades furent regardées comme un acte de Religion propre à honorer Dieu.

L'Europe, lasse de ses malheurs & fatiguée de ses dissentions, commença, si je puis parler ainsi, à vouloir mettre quelque méthode dans le désordre. On fit des loix absurdes & injustes, & c'étoit beaucoup que de sçavoir qu'il falloit avoir des loix. On soupçonna que la Société avoit besoin d'une puissance législative; mais on fut encore long-temps à refuser de lui obéir. Il falloit créer une Jurisprudence, & les personnes assez instruites pour sçavoir lire, n'avoient pour modeles que les Jurisconsultes de l'Empire, dont les ouvrages, sans principes & sans ordre, sont autant de preuves de la misérable servitude où les loix étoient tombées. Les rescripts toujours arbitraires des Empereurs, les sentences souvent opposées des Magistrats; voilà la base de leurs connoissances; & comme le remarque un homme habile en cette matiere, aucun de ces Jurisconsultes n'avoit même songé à traiter du droit de la nature & des gens.

J'abrege l'histoire honteuse de notre barbarie. L'Europe ne prit enfin une face nouvelle, que quand l'autorité & la subordination s'établirent dans les Etats, & que les Lettres réfugiées à Constantinople, passerent en Italie après la ruine de l'Empire d'Orient. On commença à lire les Anciens, & par des progrès assez rapides, on se mit à portée de cultiver les sciences, qui, en éclairant l'esprit, préparent le cœur à aimer l'ordre, les loix & la morale; mais si l'intérieur des Etats étoit déja plus policé, on sçait l'indigne politique qu'ils pratiquerent les uns à l'égard des autres. La lecture de Platon & de Ciceron devoit mettre nos peres sur le chemin de la vérité; mais les préjugés étoient trop anciens & trop répandus pour être dissipés en un moment. Loin de rougir de la perfidie, on se faisoit un honneur d'être sans foi. L'ambition aveugle se croyoit tout permis. On raisonnoit déja, & on croyoit encore que le droit des gens, fondé sur des conventions arbitraires, n'étoit pas distingué de l'usage reçu & pratiqué entre les Peuples civilisés, & qu'en obéissant à cet usage, on ne se rend jamais criminel. A la honte de la raison humaine, on raisonna d'après les faits pour juger de ce qui est permis ou défendu, & on ne s'avisa que tard de soumettre ces faits à l'examen de la raison.

Les principes du droit naturel sont simples, clairs & évidens; & il y a long-temps que la philosophie, qui à de certains égards a fait de si grands progrès, devroit ne nous rien laisser à désirer sur la nature des devoirs réciproques des Sociétés. Quelques Auteurs, qui ont traité cette matiere, bien loin de chercher la vérité, n'ont voulu que la déguiser. Les uns n'ont osé croire que la Politique des Puissances de l'Euro e fût injuste; les autres n'ont osé le dire. Des Ecrits faits pour nous instruire, n'ont servi qu'à perpétuer notre ignorance & nos préjugés. Pendant qu'on ignore les loix par lesquelles la Nature lie tous les hommes; pendant qu'on ne cherche qu'à établir un droit des Nations favorable à l'ambition, à l'avarice & à la force, peut-on être disposé à penser, avec Socrate, Platon, Phocion & Ciceron, que l'amour de la Patrie, subordonné à l'amour de l'humanité, doit le prendre pour son guide, ou s'expose à produire de grands malheurs?

(3) *Nous ne voyons*, dit Aristote, Polit. L. 7. C. 4, *aucune Ville bien policée qui renferme un très-grand nombre de Citoyens; & notre raison nous fait voir aisément les causes de ce que l'expérience met tous les jours sous nos yeux. La bonne police n'est que l'ordre, & comment une grande multitude en seroit-elle susceptible? Puisque dans ce nombre il y a toujours beaucoup de Citoyens tentés de désobéir à la Loi, & que leur grand nombre facilite l'impunité. Il n'y a que Dieu seul, dont la toute-puissance gouverne l'Univers, qui puisse maintenir le bon ordre dans une grande Cité.*

Quanta autem multitudo sufficiens sit, non aliter recte dicitur quam agrorum vicinarumque civitatum collatione. Ager quidem tantus sit, ut tot moderatis hominibus sufficiat, neque majori opus. Tot vero esse debent (cives) ut in-

juriantes vicinos possint depellere, & iisdem injuriam patientibus auxiliari. Quinquies mille & quadraginta sint ob commoditatem numeri hujus agricolæ, quique pro finibus depugnent. Plat. de leg. L. 5.

La Doctrine des Anciens sur cette matiere est uniforme. Ils faisoient peu de cas de ce que nous appellons les grandes puissances. Aujourd'hui de grandes Provinces ont moins de forces que n'en avoient autrefois plusieurs Républiques de la Grece. Il n'étoit pas rare de trouver dans un Territoire d'une médiocre étendue trente ou quarante mille Citoyens; & les Maitres de ce Territoire, graces à la forme de leur gouvernement & de leur police, avoient pour le défendre une armée de trente ou quarante mille hommes Combien de Royaumes considérables ne sont pas en état d'avoir aujourd'hui de pareilles armées? La police des anciens Grecs, qui ne bornoit point l'emploi des Citoyens à une seule fonction, leur frugalité, la simplicité de leurs mœurs, & leurs fortunes domestiques moins disproportionnées entr'elles que les nôtres, multiplioient les forces, l'industrie & le courage, sans multiplier les bras En est-il de même chez les Peuples modernes? Non sans doute, & c'est ce qui les rend si foibles. Si je voulois suivre cette idée, & faire voir par quelles raisons un Etat, qui a aujourd'hui dix millions de Sujets, ne peut avoir qu'une armée de cinquante mille hommes; & pourquoi cette armée doit être une armée de mercénaires, il me faudroit faire un livre fort étendu.

(4) *Omnes quoque choreæ ita ut bene geratur bellum, celebandæ sunt, atque omnis dexteritas, facilitas, promptitudo ejusdem rei causa comparanda. Ob eandem causam consuescere debemus à cibo & potu abstinere, frigus æstivumque & cubilis duritiam pati, & imprimis capitis pedumque virtutem alienis tegmentis non corrumpere.* Plat. de leg. L. 12. On voit combien les exercices que Platon prescrit aux Citoyens, & les habitudes qu'il veut leur faire contracter, sont propres à faire aimer la tempérance & le travail. Qui veut former d'excellens Soldats, fait nécessairement d'excellens Citoyens. Lycurgue avoit prescrit aux Spartiates tout ce qu'on trouve dans le passage de Platon, qu'on vient de lire, & les Spartiates obéissoient fidellement à ces institutions. Le temps de guerre étoit pour eux, dit Plutarque, un temps de délassement. Qu'on voye tout ce que les Grecs & les Romains, dans leur beau temps, faisoient pour se préparer des armées invincibles. Ces Peuples ne se contentoient pas que leurs Soldats fussent meilleurs que ceux de leurs voisins ou de leurs ennemis ; ils vouloient les rendre aussi bons qu'ils doivent & qu'ils peuvent l'être. Je crois qu'il ne seroit pas impossible de prouver que tout Etat où chaque Citoyen n'est pas destiné à défendre sa Patrie comme Soldat, ne peut jamais avoir une excellente discipline militaire. M. le Maréchal de Saxe le pensoit ;

voyez ses *Rêveries*, Ouvrage d'un grand Capitaine, qui avoit médité sur la guerre en philosophe. S'il y a dans un Etat des hommes bornés aux seules fonctions civiles, ils amolliront nécessairement les mœurs publiques, & la mollesse de mœurs relâchera certainement les ressorts du Gouvernement militaire.

(5) Quoiqu'Athenes n'ait éprouvé ni l'un ni l'autre inconvénient que Phocion redoutoit, sa crainte n'en étoit pas moins bien fondée. Les Athéniens n'y échapperent, que parce qu'ils tomberent peu de tems après sous la puissance de Philippe, à qui ils avoient imprudemment déclaré la guerre. Il est certain que ce sont des différends pareils à ceux dont parle Phocion entre les Citoyens riches & les Citoyens pauvres, qui ont toujours contribué à ruiner la liberté dans les Républiques, ou qui les ont assujetties à leurs ennemis. Tout Etat où le Citoyen ne veut pas prendre la peine d'être Soldat, doit enfin être gouverné par des Soldats, ou par ceux qui ont l'art de se rendre les Maîtres des armées.

(6) On sçait en effet que les armées de Carthage se révolterent plusieurs fois. Des mercénaires sont avares, & on les satisfaisoit avec de l'argent; s'ils eussent eu un Chef ambitieux, ils auroient détruit la République. Ce que Phocion ajoute sur la ruine des Carthaginois est une vraie prédiction, & on pourroit, à son exemple, tirer l'horoscope des Etats commerçans. Aujourd'hui toutes

les Puiſſances de l'Europe ſont devenues commerçantes, & c'eſt parce que ce vice de leur politique eſt général, qu'aucune d'elles n'en ſent les inconvéniens relativement à ſes ennemis; elles combattent à armes égales; mais s'il ſe formoit une République Romaine, quel ſeroit le ſort des Etats commerçans ?

(7) C'eſt ce qu'on ne ceſſoit de répéter à Athenes depuis la Régence de Périclès. Thucydide, L. 1. C. 9, lui fait dire dans une Harangue : *l'argent entretient mieux la guerre que les hommes, qui ne ſont capables que de quelques légers efforts*. Quand cette maxime de Périclès eſt vraie, c'eſt une preuve certaine que la République n'a jamais connu, ou bien qu'elle a abandonné les bons principes de politique, & que les mœurs ſont corrompues. Une pareille République ne doit faire la guerre que contre des ennemis auſſi vicieux qu'elle, ſi elle ne veut pas courir à ſa ruine.

(8) Me permettra-t-on de placer ici quelques réflexions ſur le commerce que les Nations modernes regardent comme le nerf de l'Etat ? Si je me trompe, je ſouhaite que quelqu'Ecrivain, éclairé ſur cette matiere à la mode, daigne me faire connoître mes erreurs.

Phocion vient de dire, en parlant de l'Empire que les Carthaginois avoient acquis : *Entre des Peuples également vicieux, je ne ſuis pas étonné que celui qui peut acheter des Soldats, ait la ſupériorité.* Je dirai de même : Je ne ſuis pas étonné qu'entre les Peuples de l'Europe, qui ont tous également abandonné les bons principes de politique, le commerce, qui produit de l'argent, mette en état d'avoir & d'entretenir des armées plus nombreuſes. Mais je demanderai ſi ces Soldats, qui ne peuvent être que des mercénaires ramaſſés dans la lie du peuple, ou arrachés par force à d'autres profeſſions, ſont capables d'avoir le courage & la diſcipline des Anciens. Il faudroit un miracle pour que ces mercénaires ſupportaſſent les travaux & affrontaſſent les dangers de la guerre avec la même patience & le même courage que ces Citoyens de la Grece & de Rome, qui naiſſoient Soldats, & qui combattoient pour défendre leurs foyers. Je prie de remarquer en ſecond lieu qu'un Etat qui a des armées mercénaires, doit être riche; d'où je conclus qu'il ne peut point avoir une bonne diſcipline militaire, parce qu'on ne peut être riche ſans avoir les mœurs que donnent les richeſſes, & que ces mœurs ſont diamétralement oppoſées à celles qu'exige la guerre. Je ſçais bien que le luxe n'amollit pas les Soldats & les Officiers ſubalternes, mais il amollit les Chefs, & relâche néceſſairement la vigueur de la diſcipline & du commandement, & les paſſions des autres en profitent pour ſe mettre, s'il ſe peut, à leur aiſe.

Si mes réflexions ſont vraies, peut-on croire que les Peuples qui ont pourvu à leur ſûreté d'une autre maniere que les Grecs & les Romains, ſe conduiſent avec prudence?

On me répondra que tous les Etats gouvernant aujourd'hui leurs milices de la même façon, il n'en résulte aucun inconvénient pour chaque Puissance en particulier ; & que par conséquent l'essentiel est d'avoir beaucoup d'argent, pour avoir des armées supérieures à celles de ses ennemis. Il me semble que c'est ne pas bien raisonner ; car les fautes de mes voisins ne justifient pas les miennes. J'avois toujours oui dire que la politique est la science de faire le plus grand bien de la Société, & non pas de copier les erreurs des autres ; & qu'en s'occupant du moment présent, elle doit embrasser l'avenir, & se mettre en état de ne le pas craindre. Il peut se former dans mon voisinage une République Romaine, c'est-à-dire une puissance qui se comporte par les bons principes ; & comment mes Soldats mercénaires, & foiblement disciplinés, mettront-ils alors ma Patrie à l'abri de toute insulte? Les Carthaginois pensoient qu'il n'arriveroit aucun changement dans leur situation respective avec leurs voisins ; ils se sont trompés, pourquoi ne me tromperois-je pas en pensant comme eux?

Ce sont nos passions, & non pas notre raison, ainsi que le dit Phocion, qui nous ont persuadés que l'argent est le nerf d'un Etat. Les trésors les plus immenses s'épuisent ; on en voit la fin en peu de temps, quand les ames sont mercénaires & avares ; & elles le sont toujours, quand l'Etat a pris le parti de payer en argent les services qu'on lui rend : comment est-il donc prudent de compter sur les richesses ? Plus au contraire on dépense en vertus, si je puis parler ainsi, plus la masse des vertus augmente par l'exemple & l'émulation. La vertu est donc le seul nerf des Etats ; il n'est donc sage que de compter sur elle. Les personnes qui ne parlent que d'étendre le commerce & d'enrichir l'Etat, ont-elles pesé, comme Phocion, les avantages & les inconvéniens attachés aux richesses ? Ont-elles trouvé, après un calcul bien exact, que les avantages étoient plus considérables que les inconvéniens ? En ce cas je les invite à nous faire part de leurs découvertes. Qu'elles réfutent Platon, Aristote, Ciceron, tous les Politiques de l'Antiquité ; qu'elles ayent le front de nous dire que Tyr, Carthage, &c. étoient des Républiques plus sagement gouvernées que Lacédémone & Rome ; que ces deux dernieres villes devinrent plus heureuses & plus puissantes à mesure qu'elles devinrent plus riches, & que les Romains par leur constitution devoient être vaincus par les Carthaginois.

On se sert d'un argument assez bisarre pour prouver les avantages du Commerce, c'est de faire une peinture détaillée de tous les maux qu'éprouve un Etat qui voit tomber son commerce, & qui a perdu une partie considérable de ses richesses. Je conviens en effet que cette situation est fâcheuse. L'Etat qui n'avoit point d'autre ressort que l'argent pour produire le mouvement, tombe dans une inaction léthargique ; il est déchiré par des passions qu'il ne peut satisfaire, & rien n'est plus ridicule ni plus pernicieux que les vices de la richesse dans la pauvreté. Mais ces malheurs, loin de prouver que les richesses & le commerce font le bonheur, la force & la sûreté d'un Etat, démontrent précisément le contraire ; s'il est vrai, comme on le verra dans un moment, que les richesses & le commerce doivent décheoir, dès qu'ils sont parvenus à un certain degré. Si cet Etat ouvrant les yeux sur sa situation passée & présente, parvenoit à se convaincre de l'inutilité & de l'abus des richesses & du commerce ; s'il réformoit ses mœurs ; si par le secours de quelques nouvelles loix, il mettoit à la place de ses anciennes richesses la tempérance, l'amour de la gloire, le désintéressement ; je demande si sa nouvelle modération ne lui seroit pas plus utile que son ancienne cupidité. En bannissant l'avarice & le luxe, il se trouveroit riche dans sa pauvreté, & il seroit mieux défendu par le courage de ses Citoyens, qu'il ne l'avoit été par les richesses de son commerce.

Pour prouver ce que je viens d'avancer, je rapporterai ici la pensée d'un Ecrivain moderne, qui a porté le génie le plus profond & le plus lumineux dans l'étude du commerce. Lorsqu'un Etat, dit M. Cantillon, est parvenu à acquérir de grandes richesses, soit qu'elles soient le fruit de ses mines, de son commerce, ou des contributions qu'il exige des Etrangers, il ne manque jamais de tomber promptement dans la pauvreté. L'Histoire ancienne & moderne est pleine de ces révolutions, & voici de quelle maniere M. Cantillon en développe l'ordre & la marche.

Les personnes, dit-il, que ces sommes d'or & d'argent ont enrichies directement, augmentent leurs dépenses à proportion de leurs gains; ils consument plus de denrées & de marchandises; les Agriculteurs & les Artisans, par conséquent plus employés, verront augmenter leur fortune, & voudront en jouir. Cette augmentation de consommation augmente le prix des denrées & des marchandises, & dès-lors les ouvriers ne peuvent plus se contenter de leurs anciens salaires. Tous les objets de consommation devenant par-là encore plus chers, il y aura un profit considérable à tirer de l'Etranger, qui travaille à meilleur marché, les choses dont on a besoin. C'est alors que l'Etat commence à éprouver les inconvéniens de la pauvreté. Le peuple sent d'autant plus vivement sa misere, qu'il s'étoit déja accoutumé à plus d'abondance. La terre est moins cultivée, parce que l'agriculteur vend moins ses denrées, & il faut que les artisans meurent de faim, ou aillent gagner leur vie chez les Etrangers, tandis que le luxe des riches y fait passer continuellement des sommes considérables. L'Etat appauvri, & qui ne peut plus lever les mêmes subsides, ne peut cependant se résoudre, ni à diminuer ses dépenses, pensées, ni à proportionner ses vûes & ses entreprises à sa fortune, & l'orgueil que lui ont inspiré ses richesses, accélere sa chûte dans la misere.

Il sembleroit, ajoûte M. Cantillon, *que lorsqu'un Etat s'étend par le commerce, & que l'abondance de l'argent enchérit trop le prix des denrées & des manufactures, le Prince ou le Magistrat devroit retirer de l'argent, le garder pour des cas imprévûs, & tâcher de retarder la circulation par toutes les voies, hors celles de la contrainte & de la mauvaise foi, afin de prévenir la trop grande cherté, & d'empêcher les inconvéniens du luxe.* Mais comment seroit-il possible que des Princes ou des Magistrats, accoutumés à regarder les richesses comme la source du bonheur & de la force, fussent effrayés de l'abondance d'argent qui se répand dans un Royaume ou une République ? M. Cantillon le remarque : *Outre qu'il n'est pas aisé*, dit il, *de s'appercevoir du temps propre à une pareille opération, ni de sçavoir quand l'argent est devenu plus abondant qu'il ne doit l'être pour le bien & la conservation des avantages de l'Etat, les Princes & les Chefs des Républiques qui ne s'embarrassent guére de ces sortes de connoissances, ne s'attachent qu'à se servir de la facilité qu'ils trouvent, par l'abondance des revenus de l'Etat, à étendre leur puissance, & à insulter d'autres Etats sur les prétextes les plus frivoles.* Pourquoi demander des miracles ? Pourquoi voudroit-on que dans un pays où de trop grandes richesses rendent le Citoyen avare, prodigue, voluptueux, pareſſeux, &c. les Chefs de la Nation reſtaſſent incorruptibles ? Bien loin d'arrêter les progrès du luxe, ils en donneront eux-mêmes l'exemple; ils regarderont l'économie comme un vice politique; ils ſe feront de faux principes ſur la circulation de l'argent, & croiront de bonne foi que les extravagantes dépenſes des riches ſont néceſſaires à la ſubſiſtance des pauvres.

Si par haſard le Gouvernement retiroit l'argent, en retardoit la circulation par quelque voie ſage & honnête, & formoit un tréſor; n'eſt-il pas évident, ſuivant la penſée de Phocion, que ce ſeroit récéler & nourrir un ſerpent dans ſon ſein? Peut-on connoître le cœur humain, & ſe perſuader que ce tréſor ne ſera pas un écueil contre lequel échoueront les ſucceſſeurs du Prince ou du Magiſtrat qui l'aura formé? Eſt-il vraiſemblable qu'ils réſiſtent aux charmes de la prodigalité? Réſiſteront-ils à l'avidité des flatteurs qui les entourent? Les paſſions emprunteront le langage de la raiſon. Elles repréſenteront ſous les traits d'une avarice baſſe & ridicule, cette prudence éclairée qui auroit arraché à la circulation une abondance d'argent qui alloit la ruiner. *A quoi ſert*, diront-elles, *un argent mort & enterré qui ne circule pas? Autant vaut-il le laiſſer dans les mines du Pérou, que de le condamner à ne pas ſortir de vos coffres. Il n'eſt point de cas imprévûs pour une Nation riche; les richeſſes produiſent les richeſſes; laiſſez paſſer dans les mains de votre peuple un argent qu'il vous rendra avec usure, quand vous en aurez besoin.* Les portes du trésor seront infailliblement ouvertes, & ce torrent d'argent débordé produira des maux d'autant plus funestes, que les fortunes & le luxe augmenteront plus subitement. Les besoins multipliés à l'excès hâteront la révolution que doit toujours produire la trop grande abondance d'argent ; & après avoir eu tous les vices du luxe, on aura tous ceux d'une pauvreté qui paroîtra intolérable.

Pour réparer, dit M. Cantillon, *les malheurs causés par l'abondance de l'argent, & relever l'Etat, il faut s'attacher à y faire rentrer annuellement & constamment une balance réelle de commerce, faire fleurir par la navigation les ouvrages & les manufactures qu'on est toujours en état d'envoyer chez les Etrangers à un meilleur marché, lorsqu'on est tombé en décadence, & dans une rareté d'espéces. Les Négocians commencent à faire les premieres fortunes, & elles se répandront insensiblement sur les autres Citoyens. Mais lorsque l'argent deviendra une seconde fois trop abondant dans l'Etat, la grande consommation & le luxe s'y mettront, & il tombera une seconde fois en décadence. Voilà à peu près le cercle que pourra faire un Etat considérable qui a du fond & des habitans industrieux, & un habile Ministre est toujours en état de lui faire recommencer ce cercle.*

Je prie le Lecteur de méditer profondément ce passage de M. Cantillon. N'en faut-il pas conclure que ce n'est qu'une Politique fausse & erronée, qui regardera comme le principe du bonheur de l'Etat, un moyen qui ne procure des richesses que pour amener à leur suite la pauvreté ? La vraie Politique veut une félicité plus durable. Il est donc vrai qu'un Etat, qui regarde les richesses comme le nerf de la guerre & de la paix, est destiné à passer par d'éternelles révolutions, du luxe à la pauvreté, & de la pauvreté au luxe. Voilà, selon M. Cantillon, ce qu'il se peut proposer de plus avantageux ; voilà le chef-d'œuvre de la Politique la plus habile. Si M. Cantillon, au lieu de ne considérer que les effets des richesses & du commerce, eût observé, & personne n'en étoit plus capable que lui, le corps entier de la société, il est vraisemblable qu'il auroit pensé comme Phocion. Loin de vouloir qu'une République, dont de trop grandes richesses ont ruiné les finances, *s'attache à faire rentrer annuellement une balance réelle de commerce*, il lui conseilleroit de profiter de cette décadence pour réprimer le luxe & l'avarice, donner des mœurs, faire estimer la pauvreté, ou du moins apprendre à se passer des richesses superflues. Cette Politique ne seroit-elle pas supérieure à celle de ce Ministre, qui ne songeroit qu'à faire recommencer ce cercle de richesses & de pauvreté dont parle M. Cantillon ?

Il n'est pas facile à un Ministre de faire recommencer ce cercle dans un Etat dont la fortune est en décadence. Il faudroit que le Gouvernement vînt au secours des Citoyens, & diminuât les droits pour favoriser le commerce ; mais le Gouvernement ne le fera point. L'abondance passée l'a accoutumé à beaucoup de besoins, & ces besoins écraseront la République. Je veux que, par impossible, elle ait des Magistrats toujours assez attentifs, assez habiles & assez bien intentionnés pour faire recommencer ce cercle dont parle M. Cantillon. Qu'en résultera-t-il ? L'Etat sera dans un danger extrême, si dans le moment de pauvreté qui suivra des richesses trop abondantes, un de ses ennemis forme le projet de l'envahir. La Politique de ce Ministre habile, qui fait recommencer le cercle, ne sert donc qu'à préparer une infortune à la République, & la mettre dans le cas d'être envahie & subjuguée par un de ses ennemis. Est-ce ainsi qu'on doit faire fleurir un Etat, & affermir sa prospérité ?

CINQUIEME ET DERNIER ENTRETIEN.

(1) UN Spartiate, qui avoit fui devant l'ennemi, étoit exclus des assemblées publiques & particulieres ; c'étoit un deshonneur de s'allier avec lui par le mariage ; il devoit raser une partie de sa barbe. Tout Citoyen qui le rencontroit, pouvoit le frapper, sans qu'il lui fût permis de se défendre. Les Romains, après la bataille de Cannes, furent plus sages qu'Agesilas après celle de Leuctre ; ils refuserent

de racheter les prisonniers qu'Annibal avoit faits. *Nec vera virtus, quum semel excidit, curat reponi deterioribus.* Voyez dans Horace l'admirable discours de Regulus au Sénat Romain. Les soldats de Rome, qui virent qu'il falloit vaincre ou périr, furent plus braves que jamais; & les Spartiates, en voyant que la poltronnerie étoit impunie, n'eurent plus assez de courage pour réparer leur défaite & leur réputation.

(2) Si Phocion craignoit de passer pour un insensé, en révélant aux Athéniens de son temps les grandes vérités dont il instruit Aristias; je devrois craindre de ne pas passer pour trop sage, en m'étant donné aujourd'hui la peine de traduire son Ouvrage; il est cependant utile de connoître le terme où l'on doit aspirer, quoiqu'on n'espere pas de pouvoir y arriver. Que sçait-on? Après s'être délivré avec peine d'un premier vice, peut-être seroit-on en état de renoncer sans effort à un second.

(3) *Qui autem egregie se se gerens excelluerit, primo quidem in ipsa expeditione ab iis qui una militant adolescentibus ac pueris, sigillatim à quolibet coronandus, nonne tibi videtur? Mihi vero. Quid? Nonne & dexteras jungere illi debebunt? Et hoc. At hoc prœterea tibi forsan non videtur? Quid? Ut oscula à quolibet accipere debeat ac dare. Imo vero maxime omnium. Atqui & legi huic addendum existimo, ut quoad in ea expeditione fuerint, nemini renuere liceat, quencunque osculari ip-*

ſo deſideraverit, ut ſi quis alicujus amore captus fuerit vel maris, vel fœminæ, acrior ſit ad victoriam conſequendam. Plat. in Rep. L. 5.

(4) Les Habitans de la Montagne vouloient qu'on établît à Athenes une pure Démocratie, ceux de la Plaine demandoient une Ariſtocratie rigoureuſe, tandis que les Citoyens établis ſur la Côte, ſouhaitoient, avec plus de ſageſſe que les autres, qu'on fît un mélange de ces deux Gouvernemens. Alors les Atheniens étoient pauvres; ils n'avoient aucun luxe, & ne connoiſſoient que les Arts utiles. Rien ne prouve mieux qu'ils avoient de bonnes mœurs, que le ſacrifice que chaque parti fit de ſes intérêts particuliers au bien public, en prenant Solon pour Arbitre, pour Juge & pour Légiſlateur.

Si on ſe rappelle la vie de Solon par Plutarque, on ne ſera pas étonné du peu de cas que Phocion ſemble faire du Légiſlateur de ſa Patrie. Plutarque nous a conſervé quelques morceaux des Poëſies de Solon, où les plaiſirs & la volupté ſont célébrés d'une maniere peu convenable à un Sage. Il avoit fait, à ce qu'on croit, le commerce dans ſa jeuneſſe, & dans ſa vieilleſſe il fut adonné à l'oiſiveté & aux plaiſirs de la table & de la muſique. Gagné par les carreſſes de Piſiſtrate, il abandonna les intérêts de ſa Patrie, & finit par être le flatteur, l'ami & le conſeil de l'oppreſſeur de la liberté publique. Comme Légiſlateur, Solon ne fit que pallier les maux d'Athenes. Sous prétexte que les Athéniens n'étoient pas capables d'avoir de meilleures loix que celles qu'il portoit, il ne leur en donna que de médiocres. Il faut que des loix soient bien peu sages, quand leur auteur leur survit. Solon ne contenta ni les riches ni les pauvres, en voulant contenter tout le monde. Il donna trop peu d'autorité aux Loix & aux Magistrats, ce qui laissa subsister les anciens préjugés & les anciennes divisions, & empêcha que le Gouvernement ne s'affermit.

Plusieurs Loix de Solon sont sages, si on les considere séparément; mais elles ne partent jamais du même principe pour aller au même but. Quelquefois même elles se contrarient ou sont obscures. Il est certain que s'il eût eu les lumieres, le génie & la fermeté de Lycurgue, il auroit pû profiter de la confiance que les Atheniens avoient en lui, pour les rendre heureux, & former un Gouvernement à peu près pareil à celui de Lacédémone.

(5) Lycurgue ne fut pas choisi par les Spartiates pour leur donner des Loix, comme Solon le fut par les Atheniens. Il médita son projet de réforme avec trente Citoyens, qui lui promirent de le seconder. Vingt-huit lui furent fidéles; il leur ordonna de se rendre armés sur la Place publique; il y publia ses Loix, & intimida ceux qui profitoient des désordres publics. Voyez la vie de Lycurgue par Plutarque.

Fin des Remarques.

ERRATA.

PAGE 71, *ligne* 4, Penathenées, *lisez* Panathenées.

119, *lig.* 14, enjouement, *lisez* engouement.

157, *lig.* 23, de ces opérations, *lisez* de vos opérations.

182, *lig.* 23, l'espé-, *lisez* l'espérance.

www.ingramcontent.com/pod-product-compliance
Lightning Source LLC
Chambersburg PA
CBHW070755270326
41927CB00010B/2150
* 9 7 8 2 0 1 9 1 6 2 5 4 2 *